技能型社会背景下职教高考改革研究

刘英霞◎著

JINENGXING SHEHUI BEIJINGXIA ZHIJIAO GAOKAO GAIGE YANJIU

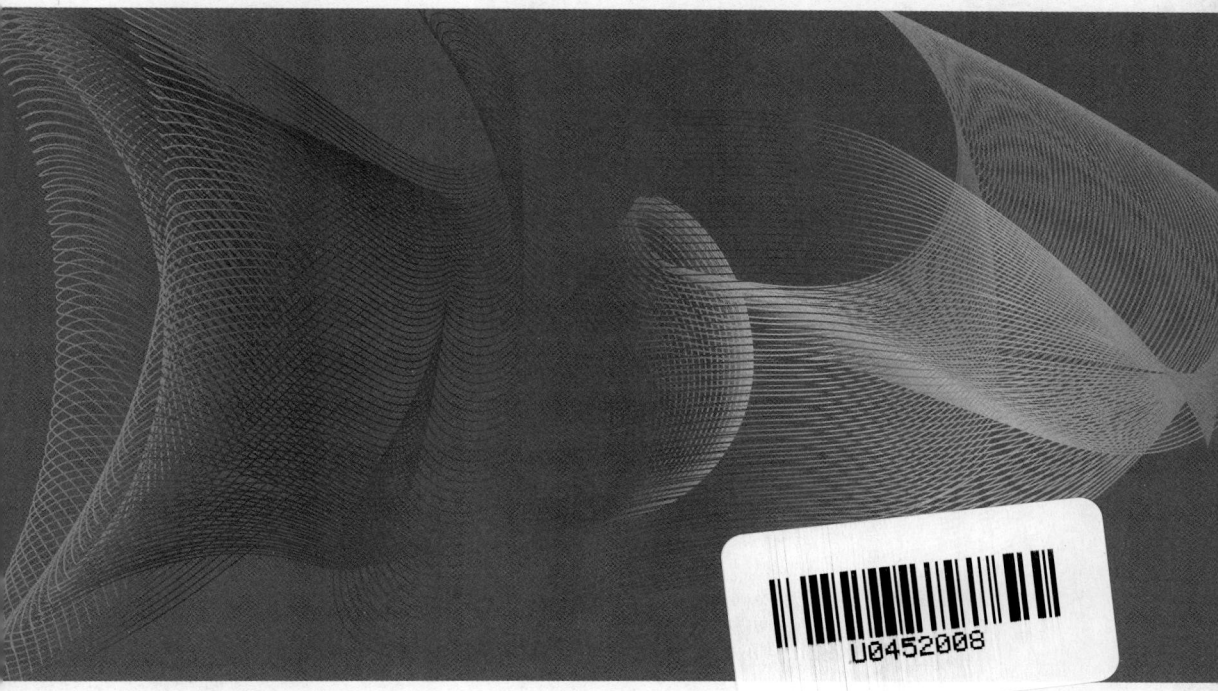

中国纺织出版社有限公司

内 容 提 要

本书聚焦职教高考改革中的热点和难点问题，围绕国家现行政策和文件，分为八章进行介绍。第一章论述了技能型社会的时代背景和价值内涵；第二章梳理了我国职教高考的制度设计，分析了我国职教高考面临的挑战；第三章分析了技能型社会背景下职教高考改革的理论依据；第四章基于李克特量表分析了职教高考内容改革现状，并基于SWOT理论构建了影响因素模型；第五章构建了职教高考评价体系，并提出评价改革的策略；第六章基于测量理论分析了职教高考改革的成效；第七章分析了国外职业教育考试经验对我国职教高考的启示；第八章分析了职教高考在山东的探索与实践。

本书适合职业院校从事教育教学改革和研究的相关人员阅读与参考。

图书在版编目（CIP）数据

技能型社会背景下职教高考改革研究 / 刘英霞著. -- 北京：中国纺织出版社有限公司，2023.5
ISBN 978-7-5229-0545-7

Ⅰ.①技… Ⅱ.①刘… Ⅲ.①高考—教育改革—研究—中国 Ⅳ.① G632.474

中国国家版本馆 CIP 数据核字（2023）第 073129 号

责任编辑：孔会云　　特约编辑：蒋慧敏　　责任校对：寇晨晨
责任印制：王艳丽

中国纺织出版社有限公司出版发行
地址：北京市朝阳区百子湾东里A407号楼　邮政编码：100124
销售电话：010—67004422　传真：010—87155801
http://www.c-textilep.com
中国纺织出版社天猫旗舰店
官方微博 http://weibo.com/2119887771
天津千鹤文化传播有限公司印刷　各地新华书店经销
2023年5月第1版第1次印刷
开本：787×1092　1/16　印张：11.25
字数：185千字　定价：88.00元

凡购本书，如有缺页、倒页、脱页，由本社图书营销中心调换

前　言

职业教育考试招生制度改革是构建高质量现代职业教育体系、彰显职业教育类型特征、增强职业教育适应性的关键环节。《国家职业教育改革实施方案》指出"建立职教高考制度"，新修订的《中华人民共和国职业教育法》第三十七条明确了"国家建立符合职业教育特点的考试招生制度"，至此，"职教高考"终以法律的形式确定下来。建立职教高考制度是经济社会发展和产业转型发展的需要，是构建现代职业教育体系的需要，是职业院校高质量发展的需要，是越来越多的职业学校毕业生接受更高层次教育的需要，有利于统筹各级各类职业教育协调发展，实现中职、高职、本科、硕士、博士系统培养技术技能人才，从而在法律层面使职业教育体系内部升学通道畅通，架起职普融通的"立交桥"。

职业教育具有面向市场、面向能力、面向社会、面向人人的本质属性。因此，职教高考的招考模式、生源构成、考试方式、利益主体等关键环节都呈现出多样性、多元化特点。有别于普通高考以笔试为主，职教高考采用"文化素质+职业技能"的评价方式，使职校生可以通过统一考试进入任何职业学校的任何专业学习。国家"十四五"规划纲要明确了"增强职业技术教育适应性""深化考试招生综合改革"的任务。建设技能型社会，要求加快构建现代职业教育体系，作为培养技术技能人才的"入口"，建立新型考试招生制度尤为重要。

本书以服务技能型社会建设为逻辑起点，以职教高考内容改革和评价改革为重点，介绍了技能型社会的时代背景与价值内涵、职教高考的时代蕴意、技能型社会背景下职教高考改革的理论依据、技能型社会背景下职教高考内容改革研究、技能型社会背景下职教高考评价改革研究、技能型社会背景下职教高考改革成效研究、国外职业教育考试的借鉴、职教高考改革的山东实践等内容。

本书在撰写过程中，得到了学校领导、同事们的大力支持和帮助，得到了省内外职教专家、同仁的悉心指导和启迪。在大量调研和搜集数据过程中，得到了山东商业职业技术学院、日照职业技术学院、山东传媒职业学院、菏泽职业学院、日照技师学院等学校的鼎力支持，李波教授、韩玉玲教授、张锦涛老师给予了诸多帮助，在此深表感激之情！本书撰写过程中学习、参考和引用了诸多职教专家的思想和研究成果，在此表示衷心感谢。

刘英霞

2022年9月

目 录

第一章 技能型社会的时代背景与价值内涵 …………………………………… 1
第一节 技能型社会的提出 ……………………………………………………… 1
一、技能型社会提出的背景 ……………………………………………… 1
二、技能型社会的概念 …………………………………………………… 2
三、技能型社会的理论基础 ……………………………………………… 2
四、技能型社会的价值内涵 ……………………………………………… 4
第二节 国外技能形成体系的借鉴 ……………………………………………… 6
一、英国的"技能战略" …………………………………………………… 6
二、德国的"国家继续教育战略" ………………………………………… 7
三、澳大利亚的"技能立国" ……………………………………………… 9
第三节 我国技能形成体制 ……………………………………………………… 10
一、我国技能形成体制的特征 …………………………………………… 10
二、我国技能人才培养的制度变迁 ……………………………………… 11
三、"技能中国行动"实施方案 …………………………………………… 13
第四节 技能型社会对职业教育提出的新要求 ………………………………… 18
一、职业教育技术供给同产业发展需求相适应 ………………………… 18
二、职业教育落实育训并举的法定职责 ………………………………… 19
三、职业教育深化教育教学改革 ………………………………………… 19

第二章 职教高考的时代蕴意 …………………………………………………… 21
第一节 职教高考制度是我国重要的制度设计 ………………………………… 21
一、职教高考概述 ………………………………………………………… 21
二、我国高职教育考试招生制度的发展历程 …………………………… 23
三、我国职教高考实施试点先行 ………………………………………… 25

四、《中华人民共和国职业教育法》明确了职业教育考试制度的
　　　　法律地位 ……………………………………………………… 29
第二节　职教高考与普通高考的比较研究 …………………………… 31
　　一、我国高职院校考试招生改革的研究现状 …………………… 31
　　二、职教高考与普通高考的共同点 ……………………………… 34
　　三、职教高考与普通高考的区别 ………………………………… 34
第三节　我国职教高考面临的挑战 …………………………………… 36
　　一、考试公平性 …………………………………………………… 36
　　二、考试目标 ……………………………………………………… 36
　　三、考试内容 ……………………………………………………… 37
　　四、评价主体 ……………………………………………………… 37
　　五、考试可测量性 ………………………………………………… 37
第四节　我国职教高考改革的必要性 ………………………………… 38
　　一、"深化考试招生综合改革"是"十四五"时期的重要建设任务 … 38
　　二、职教高考是适应我国劳动力人口结构变化的需要 ………… 38
　　三、完善"文化素质＋职业技能"考试招生办法是增强
　　　　职业教育适应性的要求 ……………………………………… 39
　　四、职教高考制度是构建现代职教体系的关键举措 …………… 39
　　五、职教高考制度是技术技能人才多元化发展的必然要求 …… 39

第三章　技能型社会背景下职教高考改革的理论依据 ………………… 41
　第一节　教育测量理论 ………………………………………………… 41
　　一、教育测量理论的起源与发展 ………………………………… 41
　　二、教育测量理论的内涵 ………………………………………… 42
　　三、教育测量理论对职教高考改革的指导作用 ………………… 44
　第二节　多元智能理论 ………………………………………………… 44
　　一、多元智能理论的发展 ………………………………………… 45
　　二、加德纳的多元智能理论 ……………………………………… 45
　　三、多元智能理论对职教高考的指导作用 ……………………… 47

第三节　人的全面发展理论 ··· 48
一、人的全面发展理论概述 ··· 48
二、人的全面发展理论研究动态 ··· 49
三、人的全面发展理论对职教高考改革的指导作用 ··· 50

第四节　大职业教育主义理论 ··· 50
一、大职业教育主义的提出 ··· 51
二、大职业教育主义的研究动态 ··· 51
三、大职业教育主义理论对职教高考改革的指导作用 ··· 53

第五节　教育评价理论 ··· 54
一、教育评价理论的含义 ··· 55
二、教育评价理论的发展 ··· 55
三、教育评价的功能 ··· 56
四、教育评价的分类 ··· 58
五、教育评价理论对职教高考改革的指导作用 ··· 59

第四章　技能型社会背景下职教高考内容改革研究 ··· 61
第一节　基于李克特量表的职教高考内容现状分析 ··· 61
一、研究设计 ··· 61
二、调研对象 ··· 63
三、调研数据分析 ··· 63
四、调研结果分析 ··· 64

第二节　职教高考内容改革影响因素研究 ··· 75
一、职教高考内容改革的原则 ··· 75
二、职教高考内容改革影响因素分析 ··· 76
三、SWOT 量化模型分析 ··· 79
四、SWOT 量化模型应用案例 ··· 81

第三节　职教高考内容改革框架设计 ··· 85
一、宏观层面：考试科目改革 ··· 85
二、中观层面：科目内容改革 ··· 86
三、微观层面：命题内容改革 ··· 87

第四节　职教高考内容改革策略 …… 88
　　一、政府层面 …… 88
　　二、学校层面 …… 89
　　三、社会层面 …… 89

第五章　技能型社会背景下职教高考评价改革研究 …… 91
第一节　职教高考从单一考试到多元评价的转变 …… 91
　　一、考试与评价的区别 …… 91
　　二、从单一评价主体到多元评价主体的转变 …… 93
　　三、从单一评价内容到多元评价内容的转变 …… 94
　　四、从单一评价方式到多元评价方式的转变 …… 94
第二节　从不同视角审视职教高考的评价改革 …… 95
　　一、改进职教高考的结果评价 …… 95
　　二、强化职教高考的过程评价 …… 96
　　三、探索职教高考的增值评价 …… 96
　　四、健全职教高考的综合评价 …… 97
第三节　职教高考评价体系构建 …… 98
　　一、确定职教高考的核心功能 …… 98
　　二、职教高考评价体系的构成要素 …… 99
　　三、职教高考评价体系框架的构建 …… 101
第四节　职业技能考试评价指标体系的构建 …… 101
　　一、职业技能考试评价指标体系的构建原则 …… 102
　　二、职业技能考试评价指标的确定 …… 103
　　三、职业技能考试评价指标的内涵 …… 104
第五节　职教高考评价改革策略 …… 109
　　一、以四个评价为基本遵循，建立国家层面的职教高考评价体系 …… 109
　　二、完善考试标准体系，提高职教高考命题质量 …… 110
　　三、发挥考试引领教学作用，将考试与教学紧密融合 …… 110
　　四、建立四级监测体系，用好职教高考评价分析报告 …… 111

第六章　技能型社会背景下职教高考改革成效研究 …… 113
第一节　基于测量理论的职教高考改革成效要素分析 …… 113
一、难度：要能充分适合被测试者的能力水平 …… 113
二、区分度：要能准确鉴别被测试者技能水平的高低 …… 114
三、信度：要能稳定呈现被测试者技能的实际水平 …… 114
四、效度：要能有效反映被测试者的能力建构 …… 115
第二节　职教高考技能考试成效调研与分析 …… 115
一、教师调研结果分析 …… 115
二、学生调研结果分析 …… 117
三、管理人员调研结果分析 …… 118
第三节　职业技能等级证书融入职教高考的探索 …… 121
一、1+X证书制度对职业院校育人效果的影响 …… 121
二、以效果为导向的评价指标体系构建 …… 123
三、职业技能等级证书融入考试和培养过程的效果 …… 125
第四节　技能型社会背景下提高职教高考效度的策略 …… 128
一、技术技能人才要素分析 …… 128
二、职教高考技能考试发展策略 …… 132
三、高职院校应对职教高考改革的路径 …… 133

第七章　国外职业教育考试的借鉴 …… 137
第一节　德国职业教育考试招生经验 …… 137
一、招生机制灵活 …… 137
二、招生模式以企业为主导 …… 138
三、考试设置包括在校学习考核和实践考核 …… 138
四、技能考核实现考教分离 …… 139
第二节　英国职业教育考试招生经验 …… 139
一、招生范围广 …… 140
二、入学重视资格证书 …… 141
三、学徒制申请方式入学 …… 141
四、行业协会参与招生工作 …… 142

第三节 美国职业教育考试招生经验 …… 142
一、入学考试方式多样 …… 143
二、生源结构广泛 …… 144
三、考试内容丰富 …… 144
四、录取机制灵活 …… 144

第四节 日本职业教育考试招生经验 …… 145
一、招生对象多元化 …… 145
二、入学考试形式多样化 …… 145
三、考试内容个性化 …… 146
四、评价标准多维化 …… 146
五、资格证书体制完备 …… 146

第五节 国外职业教育考试招生的借鉴 …… 147
一、国家统筹,整体推进 …… 147
二、企业参与,多元协同 …… 147
三、资格认证,重视实践 …… 148
四、过程评价,多元录取 …… 148

第八章 职教高考改革的山东实践 …… 149

第一节 山东省职教高考制度 …… 149
一、山东省春季高考与夏季高考的区别 …… 149
二、山东省职教高考制度变迁 …… 151

第二节 职教高考改革的实践 …… 153
一、山东省成为我国第一个职业教育创新发展高地 …… 153
二、职业教育创新发展高地为职教高考改革注入动力 …… 153
三、职教高考改革打通职教学生升学成长通道 …… 154

第三节 山东省职教高考生源占比及变化趋势分析 …… 155
一、春季高考专业设置分析 …… 156
二、春季高考报考生源结构分析 …… 156
三、高职院校多元化考试招生占比分析 …… 158

第四节　2021年山东省春季高考技能考试分析 ·················· 160
　一、难度分析 ·· 160
　二、区分度分析 ·· 161
　三、信度分析 ·· 161
　四、效度初步分析 ·· 162

参考文献 ··· 163

第一章　技能型社会的时代背景与价值内涵

技能是强国之基、立业之本、生存之道，是推动经济社会高质量发展的重要资本。经济社会发展越向前，技能的重要性就越凸显。作为人口大国，人口红利一直是我国经济高速发展的发动机。

第一节　技能型社会的提出

2021年4月，全国职业教育大会创造性提出了建设技能型社会的理念和战略。同年，人力资源和社会保障部印发"技能中国行动"实施方案，指出"技能人才是支撑中国制造、中国创造的重要力量"。国务院办公厅印发的《关于推动现代职业教育高质量发展的意见》提出2035年基本建成技能型社会，可见建设技能型社会已经被放到越来越重要的战略地位。

一、技能型社会提出的背景

我国是制造业大国，但技能人才缺乏问题依然突出。《中华人民共和国国民经济和社会发展第十四个五年规划和2035年远景目标纲要》(以下简称"十四五"规划纲要)中"技能"一词出现了20次，并明确提出要实施"技能提升行动"。习近平总书记高度重视技能人才工作，多次做出重要论述，激励广大青年走技能成才、技能报国之路。加快建设技能型社会，培养适应经济社会发展需要的大批技术技能人才，是实施制造强国战略、振兴实体经济的迫切需求。

技能型社会是我国在全面建成小康社会、全面迈进社会主义现代化建设新时期提出的新理念，其核心是营造国家重视技能、社会崇尚技能、人人学习技能、人人拥有技能的社会氛围，让技术技能"长入"经济、"汇入"生活、"融入"文化、"渗入"人心、"进入"议程。职业教育是人力资本建设的重要途径，是构建技能形成体系的关键环节，在建设技能型社会的进程中发挥着不可替代的作用。加强创新型、应用型、技能型人才培养和技能开发，提升劳动者技术技能水平和人力资本水平，成为新时代人力资源开发的战略目标。

二、技能型社会的概念

所谓技能型社会，是国家重视技能、社会崇尚技能、人人学习技能、人人拥有技能的社会。不同学者对技能型社会的理解不同。石伟平从技能形成理论角度、劳动经济学角度、职业教育学角度分别阐释了技能型社会能增加技能形成的多元化路径，提升技能形成的效率；推动劳动者从初级劳动市场进入次级劳动市场，帮助劳动者更好把握自己的生涯发展；创造人人接受职业教育与培训、人人接受劳动精神和工匠精神熏陶的社会氛围与教育机会[1]。李梦卿等认为，技能型社会建设是以培养高素质技能人才为前提，以打造能力建设体系为抓手，以推动经济社会发展为目标，旨在实现新常态、新标准、新发展的愿景与我国经济社会发展相耦合[2]。李玉静认为，技能型社会是一种社会形态，是新的经济社会发展背景对于人力资源的必然要求，代表了整个社会人力资本需求的根本方向[3]。张学英等认为，技能型社会是在社会投资型国家模式下的一种促进技能知识积累和技能习得的社会发展理念，通过建构社会合作的制度，将劳动力全部纳入其中，每个劳动力都有习得技能的机会，通过机会公平促进社会公平[4]。

在专家学者们的研究基础上，本书的研究认为，技能型社会是由人口红利转为技能红利的关键，是与经济学、社会学、教育学等交叉学科密切相关的国家战略，以技能是促进经济社会发展的重要资本为逻辑起点，通过构建面向全体人民、贯穿全生命周期、服务全产业链的技能形成体系，提高全社会的技能水平，实现技能人才与经济社会发展的良性互动，让有限的人力资源发挥最大效益，达到提高社会生产力、促进经济社会发展的目的，最终实现国家重视技能、社会崇尚技能、人人学习技能、人人拥有技能。

三、技能型社会的理论基础

（一）人力资本理论基础

技能通常被理解为人力资本的一部分，人力资本理论最早起源于经济学研究。亚当·斯密认为，技能是人们在社会上所能习得的一切有用才能，属于社会积累的一部分。20世纪60年代，美国经济学家舒尔茨提出了人力资本的概念，他认为人力资本是寓寄在人身上的知识、技能、经验和健康等，通过人力资本投资，劳动力的人力资本存量增加可以促进收入提升和经济增长。贝克尔认为，人力资本投资不但具有促进国家和个体收入增长的经济功能，更具有减少社会不平等、弱化阶级冲突的社会功能。

人力资本理论认为，投资是人力资本形成的重要渠道，人力资本投资的形式有正规教育、在职培训、迁移和健康投资等，劳动者只有在健康、时间、技能和知识方面进行持续性投资，才能形成人力资本，使劳动力价值不断增值并给劳动者带来更好的预期收益。

人力资本理论为建构技能型社会提供了指引。人力资本理论将劳动力从单一的数量概念拓展至包含数量和质量两个方面，促进世界各国重视教育投资，发展知识型经济、信息经济，促进经济增长，反过来又进一步促进技术进步。同时，在劳动力的经济生命周期内，考虑到人力资本投资效率是年龄的减函数，建构技能型社会要从全生命周期为劳动力供给适切的技能提升项目，尤其要关注处在经济生命周期后期的弱势群体提升技能，以防范或应对失业[4]。

（二）社会学理论基础

马克思主义劳动过程理论认为，技能及其形成实质上是生产权控制问题，是劳动过程中劳资冲突的焦点。而"去技能化"的流水线模式是资本控制劳动力的重要手段。机械化解决了工人尤其是技能熟练工人难以驯服的问题，保证工厂车间的纪律。同时，机械化生产过程废除了手工艺生产劳动过程中的技术分工，熟练工人的技能逐渐被机器取代。技术进步虽然简化了生产过程，但是对技术熟练工人的需求却不断增长，技术附加值也越来越高，而且技术进步所形成的技术替代效应，多是对一般技能的替代，而非企业特殊技能[5]。

与马克思主义劳动过程理论对技能及其形成的判断不同，发展性社会政策理论将技能视为人可行能力的重要组成部分。如何通过社会政策增进人的可行能力和实质自由是衡量社会发展质量的重要前提。劳动力技能培训是传统福利资本主义国家走出危机的基本路径，通过高质量的教育和培训提供训练有素的劳动力，不仅有助于提高经济的竞争力，也有助于促进社会融入和社会整合。在吉登斯提出的社会投资型国家中，投资的基本原则是尽量在教育和技能培训上进行投资，而不是给予直接的经济援助，并以此推进消极福利体系向积极福利体系过渡。可见，劳动者技能培训是推动社会政策从再分配功能转向作为一种生产要素发挥作用的基本路径。

（三）教育学理论基础

目前，我国技能形成的研究在教育学范畴内将教育投入作为一个自变量，讨论人力资本养成对社会地位获得以及社会融入的影响。技能的形成通常包括理论学习、实践操作、经验获得等过程，既包括技能知识的学习，又包括技能经验的积累。通常，技能知识学习发生在学校，技能经验积累发生在企业。技能知识学习的学校和技能经验积累的企业之间有机结合才能形成有效的技能，即产教融合、校企合作。

作为技能形成体系的重要环节，职业教育越来越受到重视。德国的双元制职业教育在产业工人有效技能形成方面发挥了巨大作用，为德国制造业的产业竞争优势形成提供了有力支撑。我国职业教育在技能供给方面还需与企业的技能需求深入融合，使技能与产业需求相匹配。建设技能型社会对职业教育提出了新要求。

四、技能型社会的价值内涵

习近平总书记指出，"人力资源是构建新发展格局的重要依托""各行各业需要大批科技人才，也需要大批技能型人才"。截至2020年年底，全国技能劳动者超过2亿人，其中高技能人才约5800万，占技能人才的近30%。但是，技能人才尤其是高技能人才在总量、结构、培养、使用等方面，与实际需求相比仍存在一定差距，部分行业高技能人才匮乏，使企业的发展受到掣肘，制约了中国从制造大国走向制造强国。造就一支有理想守信念、懂技术会创新、敢担当讲奉献的技能人才队伍，补齐技能人才缺乏的短板，是实施制造强国战略的基础。因此，通过技能社会建设，大力培养高技能人才、能工巧匠、大国工匠，带动形成一支规模宏大、结构合理、技能精湛、素质优良、基本满足我国经济社会高质量发展需要的技能人才队伍，为全面建设社会主义现代化国家提供技能人才保障，推动中国制造、中国创造，服务经济社会高质量发展。

（一）技能型社会体现了社会形态的转变

"技能型社会"相较于"知识型社会"而言，是一种全新的社会形态。国家"十四五"规划纲要明确提出，提升人力资本水平和人的全面发展能力；有效提升劳动者技能，形成人力资本提升和产业转型升级的良性循环。可见，技能是强国之基、立业之本、生存之道，是推动经济社会高质量发展的重要资本。职业教育是人力资本建设的重要途径，是构建技能形成体系的关键一环，在建设技能型社会的进程中发挥着不可替代的作用。建设技能型社会，是我国现阶段经济社会发展的内在要求，需要社会各方力量积极参与。中共中央办公厅、国务院办公厅印发《关于推动现代职业教育高质量发展的意见》提出，鼓励上市公司、行业龙头企业举办职业教育，鼓励各类企业依法参与举办职业教育。通过行业企业的参与，形成紧密对接产业链、创新链，政府统筹管理、行业企业积极举办、社会力量深度参与的技能培训体系，激励更多劳动者走技能成才、技能报国之路，通过技能实现人生价值。

（二）技能型社会体现了由人口红利转为技能红利

作为人口大国，人口红利一直是我国经济高速发展的发动机。我国是世界制造业大国，但是我国技能劳动者仅占全部就业人员的30%左右。企业由劳动密集型向技能密集型发展，体现出技术技能人才的短缺。随着我国进入经济高质量发展的新阶段，对劳动力的需求正在由数量型转变为质量型，由体力型快速转变为技能型。因此，急需通过教育提高劳动者的素质和技能，让有限的人力资源发挥最大效益，达到提高社会生产力的目的。职业教育是技能形成体系的重要组成部分，建设技能型社会急需大力发展职业教育，实现人才更高质量的发展和更加充分的就业，加快培养大批面向生产、建设、管理、服务等一线的高素质技能人才队伍，实现人口红利向技能红利的转变。

（三）技能型社会体现了从人力资源转向人力资本提升

人力资源是最重要的战略资源，是一个国家或地区为社会创造财富，从事智力和体力劳动的人们的总称。而人力资本是投资在劳动者身上并形成各种生产知识、劳动技能、管理技能和健康素质的资本量。一个国家的经济发展水平通常决定了人力资本的投入与积累水平，而人力资本又反过来影响经济社会发展的各方面。马克思把劳动者劳动能力的提高看作一种需要投入才会有产出的资本，因此，提升人力资本水平，首先要加大教育投入。习近平总书记强调："必须强化人力资本，加大人力资本投入力度，着力把教育质量搞上去，建设现代职业教育体系。"职业教育是重要的人力资本投资，建设技能型社会要求全社会人人提高技能，这对新发展格局下的职业教育提出了提高全民技能水平、优化技能供给的新要求，这也是实现从人力资源转向人力资本提升，构建推动我国经济高质量发展的人力资本体系的现实需要。

第二节 国外技能形成体系的借鉴

技能形成是指劳动者获得技术、技巧和能力的过程，即劳动者在掌握理论知识的基础上通过不断的有效练习，得到在工作中解决各种问题的能力。技能形成并不单指劳动者技能习得的微观职业教育和培训过程，而是有着较强的路径依赖的、多利益相关者博弈的宏观社会建构过程。技能形成体系是指国家协调社会各职能部门、各利益群体，以社会合作的方式培养社会经济发展所需技能的制度系统。技能形成体系包括技能投资制度、技能供给制度、技能认证制度、技能使用制度等。21世纪以来，世界各国均意识到技能人才培养对经济发展的重要性。《达喀尔行动纲领》率先指出，"技能"不仅能为经济发展增加"人力资本"，还能为个人获得完满的健康生活和全面参与社会生活做好准备，随后将"培养青少年和成人技能"作为第三大全民教育目标。加强人力资本投资，通过教育与培训培养劳动力市场所需要的技能人才逐渐成为世界各国教育改革的核心领域。

一、英国的"技能战略"

英国始终将技能人才培养看作是促进经济繁荣、保证社会公平正义、促进可持续发展的重要手段。2021年，英国教育部发布了《就业技能：加强终身学习获得机会、实现发展》白皮书，该战略为解决后脱欧时代英国面临的现实技能难题和更新相关战略举措提供了方案，旨在确保每个人都能获得发展所需要的终身技能，让他们得以在任何人生阶段胜任工作岗位，以在一定程度上保证英国在技能发展领域始终走在世界前列[6]。

（一）技能投资制度

在技能投资制度方面，英国的职业教育与培训经费基本实行以政府投资为主，企业投资、个体缴费和社会赞助为辅的多元化市场模式。目前，英国的技术培训形成了以财政拨款为主、企业和学校等各方共担的融资机制，其中雇主这一关键要素在技能培训资助中发挥着重要作用。在技术工人特别是高级技术工人短缺的背景下，技工培训成为英国政府教育政策中备受重视的环节。进入21世纪以来，英国政府在技工培训方面力度明显加大，并已形成层级与分工明确、教育特点清晰鲜明的技工培训体系。为了保障所有人都能有较高水平的技能，政府拟设置国家技能基金，投入25亿英镑支持成年人提高技能水平，将所有成年人的技能水平提升至高级水平，与雇主合作提供短期的高级培训，以满足雇主的关键技能需求，帮助成年人重新培训、补充技能或者习得新技能。

（二）技能供给制度

英国的技能人才培养体系中，学徒制为重要方式，其技能供给制度是以政府教育部门为主导，企业、行业协会、教育及培训机构共同参与的模式。英国除学校职业教育外，还有历史悠久的现代学徒制、作为特殊培训教育机构的职业进修中心以及建立在协议基础上的行业联盟或行业技能院校学习基金等。英国设立旗舰技术学院，作为连接继续教育学院、大学和雇主之间的纽带，为雇主培养大量潜在的技能人才。

（三）技能认证制度

英国的技能资格认证制度经历了四个阶段：1986年的国家职业资格体系（NVQs）、2004年的国家资格框架（NQF）、2008年的资格学分框架（QCF）以及2015年的规范资格框架（RQF）。不断完善资格认证制度，一方面是为了促进知识与技能的迁移，减轻受训者学业负担与经济负担；另一方面是为了将学校职业教育、社会职业教育（培训）以及普通学历教育通过学分统一到一个资格平台，避免教育和培训重复，保障"普职"等值互通。

（四）技能使用制度

"技能战略"确立了"到2030年，要让雇主在涉及几乎所有的学徒制和技术课程方面发挥中心作用，以确保人们接受的教育和培训与实际工作所需的技能直接相关"的目标。雇主将通过与本地的商会和大学合作，结合当地特色"领导"和"塑造"技术技能，使其符合当地劳动力市场的技能需求。英国内部劳动力市场化程度低，工资的集体协商发生在企业层面，由企业与工会进行协商，多属于"君子协定"，法律效力较低。

二、德国的"国家继续教育战略"

为帮助公民发展核心技能以适应不断变化的工作环境，德国联邦和州一级政府协同社会工商会、联邦就业局、联邦就业和社会事务部、联邦教育与研究部于2019年共同制定并发布了"国家继续教育战略",重点在于改革当前技能培训体系,构建面向未来工作环境的职业继续教育体系[7],使所有公民都能充分发挥自身潜能、更新技能,以适应技术革命带来的新工作岗位需要。

(一)技能投资制度

德国的产业工人技能投资体系由公共财政和私营经济共同资助,以企业为主。德国联邦政府设立一系列法律法规为公民弥合资金与时间缺口,从多个层面消除参与进一步培训的障碍,为德国职业继续教育的发展提供了坚实的法规支撑。政府出台系列性法律法规为求职者、雇员、雇主提供资金补助,激励公民参与职业继续教育。联邦就业和社会事务部出台的《资格机会法》规定,若员工因数字化变革而需要进一步培训,则无论其资历、年龄和公司规模如何,员工通常都可以获得继续教育与培训资金。

(二)技能供给制度

在德国,学徒、工会、企业、行业协会以及政府是五个关键行动者。政府主要提供政策、法规及资金支持;行业协会承担制定培训标准、内容、评价及监督职责;企业主要承担培训经费、提供学徒岗位、管理培训活动等;工会则主要在政府、学徒以及企业间扮演协调者角色。"双元制"职业培训模式作为德国技能供给制度的标志,除了将企业与学校、理论与实践、知识与技能很好地结合起来,还将技能资格的国家统一认证和企业培训由工会全程监管、有机统一。及时更新行业调查,提升政策制定规划能力。联邦政府就业和社会事务部发起"为数字化的工作世界创建能力指南针"项目,根据对公司和员工数据的分析得出特定行业的技能需求导向,为厘清未来数字化工作环境所需的必备技能结构奠定基础。联邦教育与研究部通过"创新大赛"向公众征集促进继续职业教育发展的项目,利用先进的科学技术,研发高质量培训课程。

(三)技能认证制度

职业资格证书在德国劳动力市场上具有重要作用,被称为进入职场的钥匙。德国的技能资格认证一般由具有行会性质的行业联合会(如工商业联合会、手工业联合会等)操作实施。具体考核的内容分为理论知识和实际操作,由企业、学徒、职校(或培训机构)三方代表组成的考试委员会具体负责。受训者获得的证书不仅能证明持证人的从业技能,而且可以使持证人在求职过程中有权要求得到相应的工作和劳动报酬,使技能与工资真正挂钩。联邦就业局开发了"我的技能"计算机辅助测试工具,为无职业资格证书的求职者提供有针对性的技能认证。

(四)技能使用制度

德国属于典型的内部劳动力市场,其劳动力配置、工资决定等都在企业内部通过管理规则或惯例来决定,而不是依靠外部市场供求关系决定。这种内部劳动力市场制度在一定程度上确保了就业的稳定性。工资采用集体协商的方式,即行业协会与企业联盟之间的协商。推行不同等级的技能工资制度,尊重技术工人的地位,提高了工人满意度。

三、澳大利亚的"技能立国"

澳大利亚在发展职业教育与培训的过程中,取得了傲人的成就。2010年,澳大利亚议会发布了综合性的人才资源开发战略——《澳大利亚未来劳动力:国家劳动力开发战略》,强调澳大利亚要通过提升劳动力的技能水平缓解劳动力市场上的技能短缺问题。2011年,澳大利亚技能署发布了《为了繁荣的技能——澳大利亚职业教育与培训路线图》,为澳大利亚职业教育的改革发展提供了一系列建议。澳大利亚针对出现的技能人才短缺现象,提出"技能立国"口号,采取了多项措施加强技能人才的培训。

(一)技能投资制度

澳大利亚技能投资以政府投入为主,不断加大对职业教育与培训的支持力度,2009~2019年,澳大利亚政府投入2.5亿澳元用于发展多种项目计划,旨在加强校企合作关系,为学生的教育、培训及工作提供准备,以弥补技能人才短缺领域的需求。这些拨款为澳大利亚职业教育发展提供了雄厚的资金储备,为职业院校更新设备、完善教学提供了支撑,从而为澳大利亚技能发展开辟了道路[8]。

(二)技能供给制度

澳大利亚将行业需求作为技能培训制度的核心,其职业教育与培训将企业需求放在首位,着力提高人才的技能水平。企业、公司、行业协会、TAFE学院、大学和其他注册培训机构组成大范围的"培训联盟",并形成"企业+TAFE学院""企业+大学""行业协会+TAFE学院"等紧密相关的利益共同体[9]。同时,澳大利亚还通过建立非营利组织推动职业教育与培训的发展,非营利组织是在澳大利亚人意识到技能教育对国家发展重要性的基础上建立的,适应了澳大利亚大力发展技能的要求。这些组织希望为职业教育与培训提供资金、实训基地及有经验的指导等方面的帮助，同时加强职业教育与企业的联系，为学生技能培训提供可参考的标准。

（三）技能认证制度

澳大利亚完善职业资格获取与颁发的程序，使职业资格证书更加规范，通过正式的国家资格证书和第三方非正式的行业协会和组织机构认证，为不同需求的劳动者提供了多样化、可供选择的技能认证渠道。1995年，澳大利亚开始实施资格框架AQF的建设，并于2000年正式在全国范围内实施。该框架建立了全国统一的资格认证系统，打破了职业教育与普通教育的对立，为职业教育的发展提供了更宽广的平台，让更多的澳大利亚人认识到接受职业教育可以和普通教育一样得到国家公认的证书，使更多的人愿意通过接受职业教育来获得一技之长。

（四）技能使用制度

澳大利亚的大学通过多种方法保证毕业生有相应的专业技能与职业能力。澳大利亚高校、企业、商业联合会建议政府通过设立就业战略基金、就业技能培训与高校课程教学相结合、加强基于工作的学习并建立相关信息平台、加强教学与评估、在学历文凭附录中强调就业技能等举措以更好地培养学生的就业技能[10]。

第三节　我国技能形成体制

技能形成政策既是一种经济政策，也是一种社会政策，同时还是教育政策。我国技能形成体制与发达国家相比，既有区别，又有一定的联系[11]。

一、我国技能形成体制的特征

（一）计划经济时期

在计划经济体制下，我国形成了国家与企业参与程度均很高的技能养成方式。从企业参与方面看，在企业内部形成以师徒制为代表的内部技能形成方式，在企业外部形成以职业院校培养为主的技能形成方式。从投资方式看，国家大力投入资金进行职业技能培训，公共财政是主要的投资来源，国有企业师徒制项目的经费来源主要是政府，公办职业院校由政府全额拨款支持。在此基础上，我国形成了以企业和行业专用技能为主、兼具通适性技能的技能形成体系。在企业的师徒制培训中，培训的规模、内容和形式都与企业密切相关，以企业工作岗位所需的专用技能为主。在职业院校则是以培养通适性技能和行业通用技能为主。在此时期，技能形成体制较好地支持了行业企业专用技能的发展，但是对通适性技能的发展不够充分。

（二）市场经济转型时期

随着市场经济改革不断深化，企业内部技能形成体系逐步衰落，企业参与师徒制培养的动力下降，培养技能人才的数量明显减少。企业采用了"去技能化"战略，开始从社会大量招聘技术工人。国家开始调整政策，倾向于通过发展职业教育满足产业对技术技能人才的需求，政府财政直接支持以学校为主的企业外部技能形成体系。随着我国职业教育的迅速发展，企业对技能形成的参与逐渐边缘化。在技能培养投资方面，国家与受训者共同分担技能培训成本，以公共财政为主，培训内容涵盖了行业企业专用技能和通适性技能。

二、我国技能人才培养的制度变迁

技能强国是教育强国建设的重要组成部分，技能培养已经放到了越来越重要的战略位置。本书梳理了我国相继出台的一系列技能人才培养培训政策文件，大致分为以下四个阶段[12]。

（一）1977~1992年：恢复和新建高等职业教育，提出培养高技能人才的要求

这一阶段为我国改革开放的初级阶段，1978年，恢复和新建专科（高等职业教育专科层次）学校98所，招收专科生12.76万人，培养的高技能人才在满足经济发展对人才需求上起到了重要的作用。1985年，国家发布《关于教育体制改革的决定》，高等职业院校逐步成为培养高技能人才的重要途径。1991年，国家教委印发《关于加强普通高等专科教育工作的意见》指明，专科教育就是要培养基层部门和企事业单位第一线的高等应用型专门人才。随着经济发展的需要，国家要求所有高等专科学校和成人高等学校都与高等职业院校一样，培养技能型和应用型高级专门人才。

（二）1993~2002年：发展高等职业教育，培养大批高技能人才

1993年，中华人民共和国劳动部颁布了《职业技能鉴定规定》；1994年，中华人民共和国劳动部、中华人民共和国人事部联合颁布了《职业资格证书规定》，成立劳动部职业技能鉴定中心，随后职业资格证书制度被写入《中华人民共和国劳动法》，确立了职业资格制度的法律地位，也为高技能人才的社会地位提供了法律依据。1994年，第二次全国教育工作会议指出高等职业教育是发展的重点，高等职业教育作为我国培养高技能人才的主要途径迅速发展起来，为高技能人才的大规模培养奠定了扎实的学校教育基础。

（三）2003~2013年：提高职业教育质量，规划高技能人才队伍建设

2005年，《国务院关于大力发展职业教育的决定》再次明确指出，高技能人才培养目标就是要以国家技能型人才培养培训工程为依托，对生产、服务一线急需的技能型人才，特别是现代制造业、现代服务业紧缺的高素质、高技能、专门人才加快培养，加大培养力度。2006年，中华人民共和国劳动和社会保障部发布的《关于印发国家技能资格导航计划的通知》提出，针对劳动者就业和职业生涯发展的实际需要，进一步强化企业和职业院校技能人才培养工作，全面开展职业技能鉴定工作，帮助劳动者取得相应的职业资格证书。同年，中共中央办公厅、国务院办公厅印发《关于进一步加强高技能人才工作的意见》（中办发〔2006〕15号）指出，推行专项职业能力考核制度，为劳动者提供专项职业能力公共认证服务。2011年制定的《高技能人才队伍建设中长期规划（2010—2020年）》提出，要紧紧围绕国家产业发展目标，加快培养造就一支门类齐全、结构合理、技艺精湛、素质优良的高技能人才队伍，并带动中、初级技能劳动者队伍梯次发展，逐步形成与经济社会发展相适应的高、中、初级技能劳动者比例结构基本合理的格局。

（四）2014~2020年：加快发展现代职业教育，建设技能人才队伍

2014年，国务院印发了《关于加快发展现代职业教育的决定》，教育部等六部门印发了《现代职业教育体系建设规划》，对高技能人才的社会地位、福利待遇、培养选拔做了一系列的规定。2017年，中央全面深化改革领导小组第三十二次会议审议通过的《新时期产业工人队伍建设改革方案》指出，中国职业教育和培训制度改革要围绕"构建产业工人技能形成体系"展开。2017年，习近平总书记在党的十九大报告中指出，要推动建设宏大的知识型、技能型、创新型劳动者大军。2018年，国务院印发的《国务院关于推行终身职业技能培训制度的意见》（国发〔2018〕11号）中强调指出，职业技能培训对于推动制造强国建设、经济高质量发展、培育经济发展新动能、推进供给侧结构性改革、解决结构性就业矛盾发挥着重要作用。同年，中华人民共和国人力资源和社会保障部（以下简称人力资源和社会保障部）印发了《技能人才队伍建设实施方案（2018—2020年）》，提出全面加强技能人才培养、评价、选拔、使用、激励等工作，借机借势借力推动技能人才工作取得新的突破、再上新台阶的目标。2019年，国务院印发的《国务院关于印发国家职业教育改革实施方案的通知》（国发〔2019〕4号）指出，服务建设现代化经济体系和实现更高质量更充分就业需要，对接科技发展趋势和市场需求，完善职业教育和培训体系，着力培养高素质劳动者和技术技能人才。人力资源和社会保障部颁发的《关于改革完善技能人才评价制度的意见》（人社部发〔2019〕90号）中明确建立健全以职业资格评价、职业技能等级认定和专项职业能力考核等为主要内容的技能人才评价制度，形成有利于技能人才成长和发挥作用的制度环境。同年，国务院办公厅印发的《职业技能提升行动方案（2019—2021年）》提出，把职业技能培训作为保持就业稳定、缓解结构性就业矛盾的关键举措。显然，正规教育院校的招生和培训对象正在从新增劳动力拓宽至存量劳动力，业务范围从以学历教育为主拓宽至与培训并举。

（五）2021年至今：构建现代职业教育体系，建设技能型社会

全国职业教育大会创造性提出了建设技能型社会的理念和战略，通过建设技能型社会，提高技能人才待遇水平，加快从"好就业"转向"就好业"。2021年，中共中央办公厅、国务院办公厅印发了《关于推动现代职业教育高质量发展的意见》明确提出，到2025年，职业教育类型特色更加鲜明，现代职业教育体系基本建成，技能型社会建设全面推进。到2035年，职业教育整体水平进入世界前列，技能型社会基本建成，技术技能人才社会地位大幅提升，职业教育供给与经济社会发展需求高度匹配，在全面建设社会主义现代化国家中的作用显著增强。2022年，新修订的《中华人民共和国职业教育法》正式发布，第一条提出，制定职教法是"为了推动职业教育高质量发展，提高劳动者素质和技术技能水平，促进就业创业，建设教育强国、人力资源强国和技能型社会，推进社会主义现代化建设"。

三、"技能中国行动"实施方案

（一）背景梳理

近年来，我国技能人才培养工作取得积极成效。据统计，截至2020年年底，全国技能人才超过2亿人，其中高技能人才约5800万人，占技能人才的近30%。但是，技能人才尤其是高技能人才在总量、结构、培养、使用等方面，与实际需要相比仍存在一定差距。为此，2021年人力资源和社会保障部印发《"技能中国行动"实施方案》，并将该行动作为人力资源和社会保障事业发展"十四五"规划的一项重点工作。方案明确提出，通过实施"技能中国行动"，"十四五"期间，实现新增技能人才4000万人以上，技能人才占就业人员的比例达到30%，东部省份的高技能人才占技能人才比例达到35%，中西部省份的高技能人才占技能人才的比例在现有基础上提高2~3个百分点。

（二）主要举措

《"技能中国行动"实施方案》提出了"十四五"期间实施该行动的指导思想、目标任务、基本原则、工作举措和保障措施等。根据该方案，我国计划在"十四五"期间以培养高技能人才、能工巧匠、大国工匠为先导，带动技能人才队伍梯次发展，形成一支规模宏大、结构合理、技能精湛、素质优良、基本满足我国经济社会高质量发展需要的技能人才队伍。

为确保实现目标任务，该方案围绕健全"技能中国"政策制度体系和实施"技能提升""技能强企""技能激励""技能合作"四大行动，提出20条具体举措。

健全政策制度体系，重点是健全技能人才发展政策体系，健全终身职业技能培训制度，完善技能人才评价体系，构建职业技能竞赛体系。"技能提升"行动，重点是持续实施职业技能提升行动，大力发展技工教育，实施国家乡村振兴重点帮扶地区职业技能提升工程，支持技能人才创业创新。"技能强企"行动，重点是全面推行以"招工即招生、入企即入校、企校双师联合培养"为主要内容的中国特色企业新型学徒制，健全产教融合、校企合作机制，大规模开展岗位练兵技能比武活动，支持企业自主开展技能等级认定。"技能激励"行动，重点是加大高技能人才表彰奖励力度，提升技能人才待遇水平和社会地位，健全技能人才职业发展通道，大力弘扬劳模精神、劳动精神、工匠精神。"技能合作"行动，重点是做好世界技能大赛等国际赛事的参赛和办赛工作，加强技能领域国际交流合作，促进职业资格证书的国际互认。

（三）打造技能省市

人力资源和社会保障部通过与省级人民政府签署部省（区、市）共建协议等方式，推动各地打造技能省市。目前，河北、山西、吉林、安徽、河南、湖北、云南、西藏、新疆9个省份已签署了技能领域的部省共建协议，共同推进技能社会、技能强省、技工大省等建设。

1. 山西省:"人人持证、技能社会"

山西省政府将全民技能提升工程纳入山西省政府6件民生实事当中,"人人持证、技能社会"全民技能提升工程2017年启动。2018年1月,印发《山西省人民政府关于印发山西省全民技能提升工程实施方案的通知》;2018年3月,全省召开电视电话会议,就推动全省全民技能提升工程,构建技能培训、能力评价、完善保障体系做出总体部署,将全民技能提升工程目标定为2018~2022年每年培训100万人,最终实现"人人持证、技能社会"。山西省委、省政府按照"人人持证、技能社会"的总体思路,把实施全民技能提升工程作为工作的重中之重[13]。

2019年8月,山西省政府提出健全覆盖全劳动周期、全工种门类的职业技能培训体系。主要举措包括:立足社会转型发展的需求,坚持市场导向设置培训内容,全面加强适龄劳动力的普惠性技能培训,加快形成政府主导、产教融合、校企合作、师资授课、师傅带徒、就业牵引、政策激励的职业技能培训模式;把考证持证作为培训考核的基本指标,把就业率、增收率作为衡量培训效果的根本标准;建立职业技能培训标准,加大优质培训供给,全面提升组织化就业水平;着力打造"人人持证、技能社会"的良好生态;深化职业技能培训体制机制改革,大力弘扬工匠精神和劳模精神,加强政策宣传引导,开展职业技能竞赛和岗位练兵、技术比武,在全社会形成尊重劳动、崇尚技能的浓厚氛围。

2020年8月,人力资源和社会保障部、山西省人民政府签署《共同推进山西省"人人持证、技能社会"建设合作协议》。合作协议聚焦共同推进山西省"人人持证、技能社会"建设这一主题,围绕加快培养大批高素质劳动者和技术技能人才,提出部省共同推进实施的九项举措。一是实施山西省技能富民战略,推动建设技能强省,在技能人才培养、使用、评价、激励等方面开拓创新、先行先试;二是大规模开展职业技能培训,不断提高各类职业技能培训补贴标准,扩大山西省企业新型学徒制规模;三是加快职业培训信息化建设;四是加大高技能人才评选表彰激励力度;五是深化技能人才评价制度改革,探索将高技能人才与工程技术人才职业发展贯通领域扩展到农业技术、文物博物、技工院校等领域;六是大力发展技工教育,鼓励山西省采取财政补贴、以奖代补、购买服务等方式支持各类技工院校发展;七是全面建立职业技能竞赛工作体系,提高职业技能竞赛科学化、规范化、专业化水平;八是推进技能扶贫工作,组织技工院校面向贫困地区困难家庭子女扩大招生,面向贫困地区有就业意愿和劳动能力的建档立卡贫困家庭劳动力开展职业技能培训、创业培训，提升就业创业能力；九是加大技能人才宣传等。2020年，全省完成了123万人次的培训任务，除了企业职工外，就业重点群体完成了48.8万人次，其中就业人数达到了15.8万，就业率达到了32%；从取证的角度来看，全省2020年取证人数达32.4万，是2019年取证人数的130%[14]。

2021年，山西省委、省政府印发了《新发展阶段"人人持证、技能社会"建设提质增效工作方案》，紧紧围绕"十四五"规划纲要的目标要求，突出"六新"发展的需要，按照"14个战略性新兴产业集群"和"农产品精深加工十大产业集群"的需要，培养相关的技术工人、高素质农民，通过全民技能提升推动全省经济高质量高速度发展[15]。通过围绕产业集群用工需求开展定向技能培训，鼓励企业全面实施在岗职工技能提升培训、取证工作，推动普通高校和职业院校全面开展培训、取证工作，激励社会机构面向广大劳动者开展技能培训、评价工作，提高评估颁证质量等举措，完成200万人次的培训任务，实现比上一年数量倍增；完成100万技能人才的取证，使全省技能人才总量达到500万人；实现新就业100万人，其中要向省外输出新就业30万人，使省外的劳务输出就业稳定在150万人左右。

为充分发挥职业技能竞赛对职业培训的引领示范作用，推动实施"人人持证、技能社会"全民技能提升工程，山西省政府常务会议、省委经济工作会、省政府工作报告都将举办全省技能大赛列入重要工作内容。2019~2020年，山西省连续举办了两届全省综合性职业技能大赛，并在第二届大赛中改变封闭办赛的传统模式，探索集中开放办赛模式。2020年，全省组织各级各类大赛50余项，其中，11个市中的7个市举办了不同规模综合性市级大赛。2021年，山西省继续把职业技能竞赛作为推动新发展阶段"人人持证、技能社会"建设提质增效的硬核举措之一，坚持以赛促培、以赛促训，将职业技能竞赛列为省、市、县三级政府重点工作。

经过几年的探索实践，山西省实现了从靠体力、苦力谋生，到靠技能、技术就业，"人人持证、技能社会"全民技能提升工程有力带动了全省劳动者技能就业、技能增收、技能成才，形成了可学习、可复制、可借鉴的"山西经验"。

2. 甘肃省：打造"技能甘肃"

2020年8月，中华人民共和国教育部（以下简称教育部）、甘肃省人民政府联合发布了《关于整省推进职业教育发展打造"技能甘肃"的意见》，明确提出了部省合作整省推进甘肃职业教育发展，打造"技能甘肃"。

建设甘肃高地是落实习近平总书记关于职业教育和甘肃发展重要指示、批示精神的具体行动。2019年8月，总书记视察甘肃，专程前往山丹培黎学校调研时指出：西北地区因自然条件限制，发展相对落后。要解决这个问题，关键是要发展教育，特别是职业教育。部省合作、整省推进，打造"技能甘肃"，是落实习近平总书记重要指示的"甘肃行动"，是实施好"职教20条"的"甘肃方案"。

建设甘肃高地是"一带一路"建设框架下推进新时代西部职业教育深化改革、高质量发展的先行试验。2020年1月，孙春兰副总理召开国务院职业教育工作部际联席会议第二次全体会议，提出在东、中、西部选择若干省或地级市先行先试，总结出一批可复制、可推广的经验。启动"技能甘肃"试点项目，就是要激发甘肃乃至整个西部地区职业教育自我革命的内生动力，抢抓"一带一路"建设和新一轮西部大开发的历史机遇，探索经济欠发达地区职业教育与区域产业互动发展、融合发展、高质量发展的路径，打造职业教育向西开放的高地。

建设甘肃高地是扩大高素质技术技能人才供给、助推甘肃实体经济跨越发展的迫切需要。习近平总书记视察甘肃期间指出：我国经济要靠实体经济支撑，这就需要大量专业技术人才，需要大批大国工匠。近年来，甘肃省着力推进"国家职业教育助推城镇化改革试验区"建设，职业教育发展取得了显著成效。但是，甘肃省的职业教育还要更加主动地对接产业转型升级需求，支撑和引领实体经济跨越发展。

建设甘肃高地聚焦两条主线，构建三个体系，打造四个高地，完成九项任务。三个体系是中国特色现代职业教育体系，职业教育培训体系，全民终身学习体系。四个高地为"一带一路"沿线国家产业亟须技能人才供给高地，机制体制创新高地，职业教育助推经济改善民生服务高地，建成国家向西开放的职教高地。九项任务为完善职业教育体系，构建多元评价体系，推进"三教"改革，开创产教融合发展新局面，助力甘肃乡村振兴，打造高水平职教园区，打造国际产业人才供给高地，完善工作机制，调适发展生态。

甘肃高地主要有四大特色：一是着眼打造"技能甘肃"，重塑甘肃职业教育框架结构，提高职业教育全要素生产率；二是突出资源整合，提出"一园三群"的区域集约化发展方案，推进陇中、河西走廊、陇东南职业教育集群协同发展；

三是重写"生产函数",探索"地方政府+职业院校+企业+乡村"发展模式,建立"体育+文化+旅游+康养+多种商业"一体化产业集群孵化器,创新职教脱贫攻坚"新路子";四是发挥丝绸之路"桥头堡"作用,将职业教育作为甘肃融入"一带一路"建设、打造"五个制高点"的重要支撑,促进国际产能合作[16]。

第四节　技能型社会对职业教育提出的新要求

技术与技能是相伴相生、等值异类和并行不悖的关系,呈现出对称共生的"技术耦"和完整的"技术链"结构[17]。新一代信息技术的广泛应用,形成了产业数字化、数字产业化的新形态,衍生了大量的新技术、新模式、新业态、新职业、新岗位,对劳动力市场产生深刻影响,对技术技能人才的专业能力和职业素养提出了更高要求。建设技能型社会,不仅需要全社会的共同努力,更需要借助职业教育的高质量发展。要通过教育在广大青年学生中树立劳动最光荣、劳动最崇高、劳动最伟大、劳动最美丽的观念;要推进职业教育体系嵌入社会体系,使职业教育成为经济社会发展不可或缺的组成部分,与社会文化系统、社会治理体系、社会生产系统及社会生活系统等形成更顺畅的互动与融合关系[1]。

一、职业教育技术供给同产业发展需求相适应

从劳动经济学视角看,技能是促进国家经济发展的动力,建设技能型社会要求技术技能人才的能力素质结构同产业发展需求相适应。在经济增长的理论视域中,投资劳动力的技能和素质提升,建构技能型社会才能匹配技术进步下全产业链的发展需求[4]。随着我国迈入经济高质量发展的新阶段,对劳动力的需求正在由数量型转变为质量型,从体力型快速转向技能型。因此,急需通过教育提高劳动者的素质和技能,逐渐让有限的人力资源发挥出最大效益,达到提高社会生产力的目的。

新一轮科技革命和产业变革深入发展,产业结构变化必将带动就业结构变化,进而带来人才结构变化,迫切需要大批高层次、复合型技术技能人才的支撑。为解决劳动力结构和劳动力供求之间的矛盾,对高素质技术技能人才除了要求掌握扎实的专业知识和技能外,还要具备将现代化的信息技术运用于产品研

发、成果转化、高效生产和精细管理等领域的能力和素质，具有坚定的理想信念、高尚的道德情操、严谨的工匠精神和开拓的创新精神。职业教育是技能形成体系的重要组成部分，建设技能型社会急需大力发展职业教育，关注所有劳动力的专业知识、职业技能、职业素养、发展潜力的形成过程，在保证技能习得质量的同时，缩短技能形成周期，并通过技能水平的提升适应科技进步和产业转型升级需要，实现更高质量和更加充分就业，加快培养大批面向生产、建设、管理、服务等一线的高素质技能人才队伍，实现人口红利向技能红利转变。

二、职业教育落实育训并举的法定职责

从人力资本理论视角看，技能是提高劳动生产率的基础，建设技能型社会要求技术技能人才具有较高技能水平。一个国家的经济发展水平通常决定了人力资本的投入与积累水平，而人力资本又反过来影响着经济社会发展的各方面。舒尔茨认为，现代农业增长的重要原因从土地、劳动力或资本存量的增加变为人的技能提升与知识增加。

"十四五"规划纲要明确提出，提升人力资本水平和人的全面发展能力，有效提升劳动者技能，形成人力资本提升和产业转型升级良性循环。新时代高质量发展关键在于高水平的人力资本，技能型人力资本是重要的组成部分。对人力资本的投资包括正规教育、在职培训、迁移和健康投资等，因而，建设技能型社会要求实施技能启蒙、技能养成、技能提升、技能补偿等全生命周期的技能教育，职业教育要坚持教育与劳动紧密结合，将质量作为生命线，建立适应技术技能人才个性化、多样化、终身化发展需求的现代职业技能培养培训体系，打造多元化、多层次的技能学习路径，为人人接受职业教育与培训创造机会，为技能升级和转化搭建立交桥，不断提升技术技能人才的专业能力和技术水平。

三、职业教育深化教育教学改革

从教育学理论视角看，技能是人才培养质量的重要表现，建设技能型社会要求技术技能人才具备较强的岗位适应能力。将技能形成放在教育学理论体系中，表现为学习者经过系统学习和实践后形成的成果，体现在教师教与学生学的全过程，因此，与技能形成相关的办学定位、培养方案、教学标准、教学内容、教学方式、评价模式等，都将影响职业院校技能供给的适应性，表现为职业教育不仅要使学生具备系统的知识，还要形成一定的技能，这也是职业院校人才培养质量的重要表现。这就要求职业院校加强产教融合、校企合作的广度和深度，提高办学层次和办学质量，构建起服务技能型社会建设的现代职业教育体系，持续深化教育教学改革，革新教学理念，利用信息技术，创新教与学方式，推进评价模式改革，确保人才培养与市场需求相对接，使职业教育成为经济社会发展不可或缺的组成部分，显著提高职业教育的吸引力和培养质量。

第二章　职教高考的时代蕴意

考试招生制度是我国的基本教育制度，也是人才培养的枢纽。改革开放40多年来，我国考试招生制度不断改进完善，初步形成了相对完整的考试招生体系，为学生成长、国家选才、社会公平做出了历史性贡献，对提高教育质量、提升国民素质、促进社会纵向流动、服务国家现代化建设发挥了不可替代的重要作用。

第一节　职教高考制度是我国重要的制度设计

《国务院关于深化考试招生制度改革的实施意见》（国发〔2014〕35号）提出，2014年启动考试招生制度改革试点，2017年全面推进，到2020年基本建立中国特色现代教育考试招生制度，形成分类考试、综合评价、多元录取的考试招生模式，健全促进公平、科学选才、监督有力的体制机制，构建衔接沟通各级各类教育、认可多种学习成果的终身学习"立交桥"。

一、职教高考概述

（一）职教高考的定义

职教高考即职业教育高考，是指职业教育的专门性高考，是相对普通高考而言的。职教高考制度是我国高等职业学校招收新生的制度，由一系列符合高等职业教育人才选拔需要的考试招生制度组成，是具有类型教育特点的一项职业教育基本制度[18]。从2019年开始，教育部逐步建立职教高考制度，使之成为高职考试招生主渠道。值得注意的是，职教高考不仅是目前高职院校的职业技能测试，还是为了彰显职业教育类型特征、加快构建现代职业教育体系、推进职业教育高质量发展、增强职业教育适应性而设计的，与普通高考地位平等、具有相同功能的职业教育高考制度。

职业教育具有面向市场、面向能力、面向社会、面向人人的本质属性，因此，职教高考的招考模式、生源构成、考试方式、利益主体等关键环节都呈现出多样性、多元化特点。建立"职教高考"制度，是经济社会发展和产业转型发展的需要，是越来越多职业学校毕业生希望接受更高层次教育的需要，有利于统筹各级各类职业教育发展，畅通职业教育体系内部升学通道，是构建中职、专科、本科、硕士、博士系统培养技术技能人才的桥梁，是实现职普融通的重要保障。

（二）我国职教高考的模式分析

我国职业教育高考改革在国家大力推动下，已经形成了统一高考、单独招生、综合评价招生、对口招生、中高职贯通、技能拔尖人才免试等多元化的考试招生模式[19]，为学生接受高等职业教育提供多样化的入学形式。

2005年，在高考制度综合改革的背景下，上海率先试点高职院校自主招生。2013年教育部出台了《关于积极推进高等职业教育考试招生制度改革的指导意见》，明确了6种高等职业教育考试招生方式。一是以高考为基础的考试招生办法，规定对报考高等职业学校的考生增加技能考查内容，招生学校依据考生相关文化成绩和技能成绩，参考综合素质评价，择优录取。二是单独考试招生办法，规定国家示范性、省级示范性高等职业学校和现代学徒制试点学校等，可于高考前，在本地符合当年高考报名条件的考生范围内，单独组织文化和技能考试，并根据考生文化成绩和技能成绩，参考考生普通高中综合素质评价结果，择优录取。三是综合评价招生办法，规定办学定位明确及招生管理规范的高等职业学校的农林、水利、地矿等行业特色鲜明且社会急需的专业，可于高考前，在本地符合当年高考报名条件的考生范围内，依据考生普通高中学业水平考试成绩和综合素质评价结果综合评价，择优录取。四是面向中职毕业生的技能考试招生办法，指出要加强中等职业学校毕业生对口升高职的专业技能考试，进一步完善以专业技能成绩为主要录取依据的招生办法。五是中高职贯通的招生办法，规定高等职业学校要进一步优化面向初中应届毕业生的三二分段制和五年一贯制招生专业结构，以艺术、体育、护理、学前教育以及技术含量高、培养周期长的专业为主，合理安排招生计划。六是技能拔尖人才免试招生办法，明确规定了高等职业学校免试录取的条件和程序。

2021年，教育部发布《教育部办公厅关于进一步完善高职院校分类考试工作的通知》，将参加职教高考招录的考生明确分为3类：一是对于普通高中毕业生，依据高中学业水平考试成绩和职业适应性测试结果，参考学生综合素质评价，根据公布的招生计划择优录取。二是对于中职学校毕业生，依据文化基础考试和职业技能考试成绩，参考学生综合素质评价，根据公布的招生计划择优录取。三是对于退役军人、下岗职工、农民工和高素质农民等群体，按相关规定和公布的招生计划择优录取。同时规定，对于符合免试条件的技能拔尖人才，由相关高职院校按程序考核公示后予以免试录取。

由此，我国职教高考发展为面向以下考生的"文化素质+职业技能"的考试评价方式，见表2-1。

表2-1 我国职教高考模式

招考类别	考试方式	考生来源
普通高考	高中学业水平考试+职业适应性测试	普通高中毕业生
职教高考	文化素质考试+职业技能考试	中职学校毕业生
中高职贯通招生	转段考核	初中毕业生
技能拔尖人才免试招生	免试	符合条件的中等职业学校毕业生
高职扩招	资格审查，择优录取	退役军人、下岗职工、农民工和高素质农民等

二、我国高职教育考试招生制度的发展历程

职业教育考试招生制度改革是构建高质量现代职业教育体系、彰显职业教育类型特征、增强职业教育适应性的关键环节。我国职教高考改革大致可以分为四个阶段。

（一）纳入全国统一高考

1952年，我国确立全国统一招生考试制度，统一招生能更好地展现公平，也适应了当时国家快速选拔人才的需要。1977年，《高等学校招生进行重大改革》标志着恢复统一考试制度。1985年，《中共中央关于教育体制改革的决定》明确提出，高中毕业生"一部分升入普通大学，一部分接受高等职业技术教育"，明确要发展"高等职业技术院校"，建立"职业技术教育体系"。1999年，教育部出台的《面向21世纪教育振兴行动计划》指出，积极发展高等职业教育，是提高国民科技文化素质，推迟就业以及发展国民经济的迫切要求；逐步建立立交桥，允许职业技术院校的毕业生经过考试接受高一级教育；普通高中毕业生除进入普通高校外，多数应接受多种形式的高等职业教育。高职教育作为专科层次教育，纳

入全国统一高考，并按照分数高低，分层分批录取为本科和专科（高职），但是，从录取分数上看，高职院校的录取分数远低于普通本科的录取分数，并且这样的录取方式不能适应多样化的生源结构和职业教育培养技术技能人才的需要。2001年，教育部对报名参加普通高等学校招生全国统一考试的考生条件进一步放宽，中等职业学校毕业生不再限报高等职业学校，也可报考普通高校。

（二）实施分类入学考试

2002年，《国务院关于大力推进职业教育改革与发展的决定》（国发〔2002〕16号）明确指出，高等职业学校可单独组织对口招生考试，优先招收中等职业学校优秀毕业生；注重专业知识、职业技能的考核，对取得相应中级职业资格证书的中等职业学校毕业生，可以免除技能考核。2007年，《教育部办公厅关于同意江苏、浙江、湖南、广东等四省在部分示范性高等职业院校中开展单独招生改革试点工作的复函》同意一批示范高职院校实行单独招生，探索分类考试招生。《国家中长期教育改革和发展规划纲要（2010—2020年）》提出了改革考试招生制度，"逐步实施高等学校分类入学考试"。2011年，教育部发布《关于推进中等和高等职业教育协调发展的指导意见》（教职成〔2011〕9号）提出，要积极推广"知识+技能"的考试招生模式。2013年，教育部出台《关于积极推进高等职业教育考试招生制度改革的指导意见》（教学〔2013〕3号）提出，针对中职学生的对口招生、针对普通高中生的单独招生以及免试入学、综合评价、中高职贯通培养等五种考试招生办法，"逐步与普通高校本科考试分离，重点探索'知识+技能'的考试评价办法，为学生接受高等职业教育提供多样化入学形式。"

（三）实行"文化素质+职业技能"考试招生

2014年，国务院发布《关于深化考试招生制度改革的实施意见》（国发〔2014〕35号），明确"实行'文化素质+职业技能'评价方式"。同年，《国务院关于加快发展现代职业教育的决定》（国发〔2014〕19号）提出要健全"文化素质+职业技能"、单独招生、综合评价招生和技能拔尖人才免试等考试招生办法，为学生接受不同层次高等职业教育提供多种机会。《国家职业教育改革实施方案》中提出完善"文化素质+职业技能"的考试招生办法。2019年，李克强总理的政府工作报告中明确指出，"改革完善高职院校考试招生方法，鼓励更多应届高中毕业生和退役军人、下岗职工、农民工报考，今年大规模扩招100万人。"同年5月，教育部等六部门发布了《关于高职扩招专项工作实施方案》（教职成〔2019〕

12号），将下岗职工、退役军人、农民工和新型农民工纳入招生对象，从考试、招生、录取和监督等各方面部署扩招工作。

（四）提出"职教高考"制度

2019年，国务院发布的《国家职业教育改革实施方案》（国发〔2019〕4号）中首次提出，建立"职教高考"制度，完善"文化素质+职业技能"的考试招生办法，提高生源质量，为学生接受高等职业教育提供多种入学方式和学习方式。2020年，教育部等九部门印发的《职业教育提质培优行动计划（2020—2023年）》（教职成〔2020〕7号）中提出，完善高职分类考试内容和形式，推进"文化素质+职业技能"评价方式，引导不同阶段教育合理分流、协调发展，为学生接受高职教育提供多种入学方式。2021年，中共中央办公厅和国务院办公厅印发的《关于推动现代职业教育高质量发展的意见》再次提出，加快建立"职教高考"制度，完善"文化素质+职业技能"考试招生办法。在2022年教育部举行的推动现代职业教育高质量发展有关工作情况新闻发布会上，陈子季司长指出，要推动建立省级统筹、综合评价、多元录取的"职教高考"制度，改善学生通过普通高考"千军万马过独木桥"的问题，从而有效缓解中考分流压力和"教育焦虑"。山东、江苏、江西、四川、重庆、福建、安徽等地已对"职教高考"进行试点。可见，在国家政策指导下，各省高职考试招生制度改革不断深化和完善，多元化考试招生模式逐步形成。

三、我国职教高考实施试点先行

2007年，教育部批准江苏、浙江、湖南、广东4省8所国家示范性高职院校进行"单独招生"试点，开创了我国高职院校"单独招生"的新时代。2014年，国务院发布《关于深化考试招生制度改革的实施意见》，浙江和上海成为首批新高考改革试点省份。

（一）浙江省试点经验

浙江省在全国率先推出高考改革方案，在高考制度改革方面走在全国教育改革前沿。浙江省教育从"有书读"向"读好书"的新阶段转变，2009年，浙江省启动了高职招生综合改革，加快推进考试招生办法多样化。

1. *发布《浙江省深化高校考试招生制度综合改革试点方案》*

2014年9月，浙江省人民政府推出《浙江省深化高校考试招生制度综合改革试点方案》，提出遵循教育规律和人才成长规律，把促进学生健康成长和全面而有个性的发展作为改革着力点，强化分类考试、综合评价和多元录取机制，增加学生选择的工作原则，并对高职提前招生、单独考试招生做出了明确规定。

高职提前招生实行考生自主报考，普通高中学生以高中学考成绩为基本依据，中职学生以全省统一组织的职业技能考试成绩为基本依据。高校对考生文化素质和职业适应性进行综合评价，择优录取。

单独考试招生主要面向中职学校（包括中专学校、技工学校）招生，实行文化素质和职业技能相结合，综合评价，择优录取。考试科目为语文、数学，每门满分150分；职业技能考试分17个大类，满分300分，全省统一组织，分点实施。

2. 发布《浙江省高职提前招生试点管理暂行办法》

2016年，浙江省教育考试院印发《浙江省高职提前招生试点管理暂行办法》，对高职提前招生改革试点管理提出了明确要求，指出高职提前招生以扩大高校招生自主权、实行"文化素质+职业技能"综合评价、提前择优录取为途径，有利于高校选拔符合培养目标、具有专业发展潜质的学生，有利于引导和促进中学实施素质教育，有利于学生发展、展示综合素质和个性特长为目标，根据高职教育特色，探索实行"分类考试、综合评价、多元录取"的有效形式。要求试点高校根据本省经济和社会发展需要以及本校实际情况，确定试点专业和招生人数。

3. 发布《关于进一步深化高考综合改革试点的若干意见》

2017年，浙江省人民政府发布《关于进一步深化高考综合改革试点的若干意见》，以促进学生全面发展、健康成长为出发点和落脚点，以扩大学生选择权为突破口，其中，高职院校"文化素质+职业技能"的综合考核招生模式强化技能和应用导向，促进了职业教育改革，有利于学生全面而有个性地发展，有利于国家选拔培养人才，有利于维护教育公平。

（二）山东省试点经验

继上海市、浙江省后，山东省作为第二批高考改革试点省份，自2017年启动高等学校考试招生综合改革，并提出到2020年形成分类考试、综合评价、多元录取的高校招生新机制。

1. 发布《山东省深化考试招生制度改革实施方案》

2016年3月，山东省教育厅公布的《山东省深化考试招生制度改革实施方案》

明确提出，按照有利于促进学生健康成长、有利于高校科学选拔人才、有利于教育教学改革、有利于维护社会公平的原则，自2017年起高校在山东省的本科录取不再分一本二本；自2018年起，考试科目全部使用全国卷；自2020年起，山东省高考不分文理科，招生采用"专业（类）+学校"志愿填报和招生录取方式。

该实施方案同时明确，春季高考改革将以高职高专招生为主，招生方式分为统一考试招生、单独考试招生、综合评价招生三类。

对统一考试招生模式，春季统一考试共750分，其中，文化素质包括英语、数学、语文，共320分，专业技能包括专业知识和技能测试，共530分。英语、数学、语文和专业知识采取全省统一命题、统一组织考试、统一阅卷、统一公布成绩的形式，技能测试在上一年度7~12月进行，考生最多可参加2次测试，取最好成绩计入。

对单独考试招生模式，主要面向中等职业学校学生，考试内容包括文化素质和专业技能，由招生院校单独组织或相同（相近）类型招生院校联合组织，由招生院校依据考生入学考试成绩，参考综合素质评价择优录取。

对综合评价招生模式，主要面向普通高中学生，根据学业水平合格考试成绩和职业适应性测试结果，并参考学生综合素质评价择优录取。

2. 发布《关于进一步完善职业教育考试招生制度的意见》

2019年4月，山东教育厅印发《关于进一步完善职业教育考试招生制度的意见》（鲁教学字〔2019〕7号），一是明确了春季高考统一考试招生报考资格，从2022年起，春季高考统一考试招生报考人员为中等职业教育应届毕业生和社会人员，其中社会人员报考应取得高中阶段教育毕业证书或具有同等学力。二是调整优化高等教育招生计划结构，春季高考本科招生高校和专业的招生计划安排逐步达到应用型本科院校本科招生计划的30%，逐步扩大高职（专科）单独考试招生和高职（专科）综合评价招生的招生高校和招生计划。到2022年，高职院校分类考试招生计划总规模占比不低于60%。三是完善春季高考统一考试招生专业技能考试体系，由省教育招生考试院负责组织实施春季高考统一考试招生"文化素质"考试、"专业知识"考试和技能测试工作。从2022年起，参加春季高考考生的技能测试可根据需要采用笔试、实际操作，或笔试与实际操作相结合的方式进行。四是进一步做好职业院校与本科高校对口贯通分段培养转段考试工作，明确从2019年起，当年转段考试不合格的考生，如果考生本人提出申请，原就读职业院校和衔接本科高校可再提供一次跟随下年度考生重新参加转段考试的机会，转段考试的标准、内容等与下年度考生相同。

3. 发布《山东省2022年普通高等学校考试招生（春季高考）工作实施办法》

2021年，山东省教育厅先后发布了《山东省招生考试委员会办公室关于印发山东省2022年春季高考统一考试招生技能测试工作实施办法的通知》《山东省教育厅关于做好2022年高职（专科）单独考试招生和综合评价招生工作的通知》。2022年，教育厅发布《山东省2022年普通高等学校考试招生（春季高考）工作实施办法》，对夏季高考和春季高考的报名条件、考试科目、考试组织等做了统一规定。2022年春季高考招生计划包括省内高校本、专科（高职）招生计划，招生专业分为38个类别，春季高考分为"知识"和"技能"两部分，"知识"部分全省统一命题，统一组织考试，"技能"部分由主考学校负责命题并组织考试。

（三）江苏省试点经验

江苏省是我国第三批实施高考综合改革的8个省市之一，从2018年秋季入学的高中一年级学生开始实施高考综合改革。

1. 出台《江苏省高等职业院校考试招生制度改革实施方案》

2019年，江苏省出台《江苏省高等职业院校考试招生制度改革实施方案》，提出"建立分类考试、综合评价、多元录取的'职教高考'制度。完善以'文化素质+职业技能'为主的多样化考试招生办法，扩大高校招生自主权，拓宽各类人群接受高等职业教育的入学途径"的目标，遵循分类实施、公平公正，统筹设计、分步推进，综合评价、多元录取的原则，招生对象为普通高中毕业生，在春季进行招生录取，招生院校依据考生普通高中学业水平考试的合格性考试成绩，参考综合素质评价，结合职业适应性测试、本校专业培养要求等多种指标，择优录取，同时，参加普通高考但未被本科院校录取的考生，可参加高职（专科）统招批次的录取。针对招生对象为中等职业学校毕业生，报考专科院校的考生，须参加中等职业学校学生学业水平考试（以下简称中职学考），报考本科院校的考生，须参加中职学考和对口招生统考，其中，对口招生统考包括公共基础知识+专业综合理论+专业基本技能。公共基础知识为语文、数学、英语；专业综合理论为相关专业类的基本理论知识，按对口招生科目组命题；专业基本技能采用中职学考的专业基本技能成绩。

2. 出台《江苏省2022年高等职业院校面向中等职业学校毕业生考试招生实施办法》

2021年，江苏省教育厅印发《江苏省2022年高等职业院校面向中等职业学校毕业生考试招生实施办法》（苏教考〔2021〕20号），对高等职业院校（含部分职教本科、应用型本科院校）面向中等职业学校毕业生考试招生提供了指导。该实施办法提出，将中职学考作为职教高考的有机组成部分，专业基本技能成绩逐步采用中职学考基本技能成绩，促进中职技能教学水平提升，并从考试命题、考试形式、科目分值、考试组织、考试评价等维度做了详细规定，有效畅通了中职学生的升学渠道，推进了职教高考改革进程。

（四）各省试点经验总结

随着考试招生制度改革的不断深入，各省已基本形成了多元化的考试招生模式，有效保障了高职院校的生源，为高职院校的健康发展提供了有力支撑。

1. 从生源结构看

高职院校面向普通高中毕业生、中职学校毕业生和社会人员等不同群体，实行分类考试招生，逐步推进高职院校分类考试招生制度的建立和实施。

2. 从考试模式看

考试模式采用"文化素质+职业技能"的方式，体现了文化素质考核与职业技能考核并重，突出了实用导向。其中，文化素质部分由省统一命题，统一组织考试，技能考试部分由主考学校负责命题并组织考试，主要采用实操、机考、笔试等形式。

3. 从招生形式看

各省纷纷提出了提前招生、自主招生、注册入学、综合评价招生、贯通培养、免试入学等招生形式，逐步形成"分类考试、综合评价、多元录取"的招生录取布局，为高校科学选才提供了多样化途径。

四、《中华人民共和国职业教育法》明确了职业教育考试制度的法律地位

职业教育作为与普通教育同等重要、"双轨"并行的教育类型，为达到"培养高素质技术技能人才"的培养目标，需要有适应职业教育特点的考试招生制度，实现因材施考、因材施教。新修订的《中华人民共和国职业教育法》（以下简称新职教法）首次以法律形式明确了建立职业教育自己的考试招生制度，为建立高质量的现代职业教育体系搭建桥梁。

（一）以法律形式确定建立职业教育考试招生制度

职业教育考试招生制度改革是构建高质量现代职业教育体系、彰显职业教育类型特征、增强职业教育适应性的关键环节。2014年，《国务院关于深化考试招生制度改革的实施意见》明确"实行'文化素质+职业技能'评价方式"，同年，《国务院关于加快发展现代职业教育的决定》也提出健全"文化素质+职业技能"、单独招生、综合评价招生和技能拔尖人才免试等考试招生办法，为学生接受不同层次高等职业教育提供多种机会；2019年，《国家职业教育改革实施方案》中首次提出建立"职教高考"制度；2021年，中共中央办公厅、国务院办公厅《关于推动现代职业教育高质量发展的意见》再次明确，加快建立"职教高考"制度，完善"文化素质+职业技能"考试招生办法。新职教法第三十七条明确了"国家建立符合职业教育特点的考试招生制度"。至此，"职教高考"终以法律的形式确定下来。

（二）新型考试招生制度是构建现代职业教育体系的纽带

职业教育具有面向市场、面向能力、面向社会、面向人人的本质属性。因此，职教高考的招考模式、生源构成、考试方式、利益主体等关键环节都呈现出多样性、多元化特点。有别于普通高考以笔试为主，职教高考采用"文化素质+职业技能"的评价方式，使任何职校学生都可以通过统一考试进入任何职业学校的任何专业。国家"十四五"规划纲要明确了"增强职业技术教育适应性""深化考试招生综合改革"的任务。建设技能型社会，要求加快构建现代职业教育体系，作为培养技术技能人才的"入口"，建立新型考试招生制度尤显重要。

建立新型考试招生制度是实现"职业教育与普通教育相互融通，不同层次职业教育有效贯通"的纽带。新职教法明确了职业教育与普通教育之间，可以通过建立学分、资历以及其他学习成果的认证、积累和转换机制，推进职业教育国家"学分银行"建设，促进职业教育与普通教育的学习成果融通、互认。同时，职业教育体系内部可以通过"文化素质+职业技能"的职教高考实现，中等职业学校可以在相关专业与高等职业学校实行贯通招生和培养；高等职业学校可以采取文化素质与职业技能相结合的考核方式招收学生，还可以对有突出贡献的技术技能人才破格录取。为满足技术技能人才升学和发展需要，新职教法规定"高等职业学校和实施职业教育的普通高等学校应当在招生计划中确定相应比例或者采取单独考试办法,专门招收职业学校毕业生"。

第二节 职教高考与普通高考的比较研究

《国家职业教育改革实施方案》开篇指出,职业教育与普通教育是两种不同教育类型,具有同等重要地位。新职教法第三十七条指出,国家建立符合职业教育特点的考试招生制度。职教高考制度是与普通教育高考制度具有同等功能的高考制度,但是在考试形式、考试科目、考试时间等方面又存在诸多不同。

一、我国高职院校考试招生改革的研究现状

我国对高职院校考试招生改革的研究,主要集中在招生问题、人才培养问题、考试模式、考试内容等方面,最终目的是根据高职院校招生改革提出对策。1995年张丹海阐述了"北京联合大学高职教育招生考试改革的意义及设想"[20],1997年张跃兴、黄从镇提出"高职招生考试制度势在必行"[21],是较早提出高职招生考试改革的学者。2009年,梁卿在《论高职考试招生制度改革中的三个基本问题》中侧重从招生过程中进行招生改革,认为招生改革最重要的是需要解决三个问题:考试内容、考试标准、考试形式与途径[22]。在2013~2016年和2019年至今,我国对高职院校考试招生改革形成了两次研究高潮。

(一)关于高职考试招生制度的研究

徐国庆认为,职业教育高考制度建构的核心理论问题,一是职业教育高考成绩与普通高考成绩之间是否具有等值性,二是专业课考试成绩是否具有足够的教育通用价值,三是专业课考试内容应该偏重专业理论知识还是操作技能[23]。祝蕾认为,"职教高考"制度是职教制度建设的重要构成、是职教体系完善的重要抓手、高职质量提升的重要环节[24]。张怀南认为,随着"职教高考"制度的日渐完善,高职院校的主体地位将逐步得到凸显,对现行高职招生制度中的招生对象、招生形式及录取依据产生较大的影响[25]。罗立祝指出,需要着力破解职教高考的多类型生源质量差异显著、考试科目与专业人才培养要求匹配度不高以及多样化考试招生方式产生的公平与效率问题,实行职教高考统一考试制度、合理设置职教高考科目、试行专业大类"一档多投"录取模式,建立符合类型教育

定位、服务于高素质技术技能人才培养的职教高考制度[26]。凌磊指出，我国的政策支持为"职教高考"提高了多样化的发展路径，同时生源结构多样性、考试方式多样化、招生种类多样性、利益相关者之间的矛盾与冲突等也为"职教高考"带来了挑战，急需构建"职教高考"多样性话语体系，完善"职教高考"政策机制，推动其向"横向融汇，纵向贯通"方向发展，并不断优化"职教高考"实施环节，满足不同利益主体的多样化诉求[27]。姜蓓佳等指出，构建职教高考制度，要遵循政治逻辑、教育逻辑和实践逻辑，坚持顶层设计与分层决策相结合，瞄准职教高考与普通高考等值同效的目标，从谁应考、考什么、怎么考等关键问题入手，合理设计职教高考的考试招生比例和通过职教高考招生高校的层次和数量，在生源群体、考试内容和考试形式安排上要符合职业教育的类型特点[28]。

（二）关于高职考试招生内容与方式的研究

《教育部关于积极推进高等职业教育考试招生制度改革的指导意见》指出要重点探索"知识+技能"的考试评价办法。王伟宜等建议考试科目与内容增加职业技能测试的比重[29]。董照星等认为，高职对口招生实施过程中存在中职生升学比例低，生源质量差；笔试内容多，技能操作比重低；缺乏行业企业的参与监督等问题。完善我国高等职业教育对口招生，要扩大中职生的招生比例，提升生源质量；调整文化课考试内容并扩大职业技能考试的分值比例；行业企业以多角色参与考试招生[30]。熊丙奇指出，"职教高考"不仅是高职院校的招生考试，而且是适用于所有进行高等职业教育的高等院校的招生考试，在推进"职教高考"时，要重视过程性评价与综合评价，尤其是职业技能测试，应该强调过程性评价，探索中职、高职、职业本科院校的学分互认制度[31]。李政认为，职教高考的内容设计受到职业高等教育、技术知识体系和中等职业教育的影响，因此，其内容设计应按照"基础性、关联性、思维性"的筛选机制，以及"体系化、定向化、结构化"的组织机制，选择和设计科学合理，能平衡多方需求的考试内容[32]。

（三）关于职教高考命题方式的研究

《职业教育提质培优行动计划（2020—2023年）》中提出，"文化素质考试由省级教育行政部门根据《中等职业学校公共基础课课程标准》统一组织。职业技能测试分值不低于总分值的50%，考试形式以操作考试为主，须充分体现岗位技能、通用技术等内容。省级教育行政部门按照专业大类统一制定职业适应性测试标准、规定测试方式。"对于完善"文化素质+职业技能"评价方式提出了具体要求。我国开展命题研究的成果不多。较早开展研究的江国忠提出，高职招生考试是选拔性考试，考试除具有一定的信度、效度外，还应特别注意其区分度。没有区分度就不便于拉开分数的档次，不拉开档次就不利于选拔，就会影响高职学校的招生、教学和培养目标的实现。要突出技能考试，注重理论与实践相结合[33]。林其天在《高职院校招生的创新性思考教育与考试》中提出，职业教育办学特点要突出实践性和技能型，办学成果的最终评价都在于学生对相关专业技能的掌握和运用程度，而"高职单招"的方式仍然类似普通高考，也还是在规定的时间内以笔试的方式实施，而且过于侧重文化课和基础理论，无法测验出考生的动手能力和实际操作水平[34]，急需优化考试的内容和考试的方式。蒋丽君等认为，新高考改革提出提高"职业技能"的考试内容及成绩占比，探索多元录取机制改革，推进"文化素质+职业技能"的评价方式，进一步适应了高职的人才培养需要[35]。

（四）关于境外高等职业教育入学考试的研究

德国职教高考制度自1967年建立，有效促进了德国应用技术型人才完整培养体系的形成。德国存在三种高考类型：普通高考专业高考和职教高考。普通高考主要面向普通高中毕业生，专业高考主要服务社会人员，职教高考则只适用于中职毕业生。考生通过普通高考或专业高考主要进入综合性大学，通过职教高考进入应用技术大学。各类高考制度界限分明，各司其职。德国职教高考包括在校学习考核和实践考核两部分，考试形式包括笔试、口试和实践操作[36]。

日本职业教育的升学路径灵活多样，可通过一般入学、推荐入学、AO入学、社会人入学等多种入学方式由中等教育向高等教育过渡，各个学校根据自身办学特色采用不同的选拔方式。同时，也打通了普通教育与职业教育之间的"壁垒"，将职业教育的"天花板"提高到了研究生教育。作为连接中等教育与高等职业教育的重要环节，日本高等职业教育入学考试具有考试形式多样化、考试内容个性化、考试安排人性化、评价标准多维化等特点[37]。

中国台湾地区职教高考制度依据其专业群规划科目，其内容偏向考查基础性和迁移性强的专业基础知识与专业核心知识，其招考分离的特点赋予了学生和高校双向自由选择的权利。同时，中国台湾地区高等教育的技术学科建设为职教高考制度提供了便利[38]。

二、职教高考与普通高考的共同点

职教高考与普通高考同属高等教育层次的选拔性考试，具有同等功能。二者的招考对象在一定程度上有重叠，因此，两种形式的高考不是完全孤立的，而应该是在国家政策统一调控下，坚持立德树人，坚持以人为本、服务考生的原则，加强良性互动，适应经济社会发展对多样化高素质人才的需求，从而有利于促进学生健康发展、科学选拔各类人才和维护社会公平。

三、职教高考与普通高考的区别

职教高考和普通高考都是选拔人才的制度体系，但是，职教高考是着力选拔技术技能人才、能工巧匠、大国工匠，采取"文化素质+职业技能"的考试评价方式，其中职业技能考试成绩占比原则上不低于50%。本部分从生源结构、考试时间、考试科目、考试方式、成绩确认等维度，讨论二者的区别。

（一）生源结构的区别

职教高考：分类考试是高职院校招生的主渠道，同时保留高职院校通过普通高考招生的渠道，符合当地高考报名条件的普通高中毕业生、中职学校毕业生和退役军人、下岗职工、农民工和高素质农民等社会人员均可报考，同时要求不得限制高职院校招收中职学校毕业生的比例。如山东省自2022年开始推进职教高考，明确了不允许普通应届高中毕业生报考，往届高中毕业生，以及具有职高、中专或者技校学籍的应届和往届毕业生可以报考。

普通高考：2022年教育部规定，遵守中华人民共和国宪法和法律、高级中等教育学校毕业或具有同等学力、身体状况符合相关要求的人员，可以申请报考普通高等学校。

（二）考试时间的区别

职教高考：原则上高职院校分类考试安排在春季举行，通常技能测试安排在3月，考两次，取最好成绩，理论考试通常安排在5月。如山东省的技能考试由原来的每年3月考一次改成一年考两次，考试时间为上一年度的7～12月，取最高成绩计入总分。

普通高考：普通高考时间为每年夏季，全国统考于6月7日开始举行，同时要求各省（区、市）考试科目名称与全国统考科目名称相同的必须与全国统考时间安排一致。省级统考和高校的招生考试时间，分别由各省级招生委员会（以下简称招委会）和高校按照教育部有关要求确定并发布。

（三）考试科目的区别

职教高考：考试科目包括语文（120分）、数学（120分）、英语（80分）、专业知识（200分）、专业技能（230分）。其中，文化素质部分由省级高校招生委员会统一组织，职业技能考试由省级招委会结合本地实际统筹组织实施，可采取省级统考、多校联考、高校校考等方式。

普通高考：我国实施高考改革以来，大部分省实施"3+X"方案，"3"指"语文、数学、外语"，"X"指由学生根据自己的意愿，自主从物理、政治、化学、历史、生物、地理、技术等科目中选择X个作为高考选考科目。不同试点省份的改革方案略有不同。

（四）考试方式的区别

职教高考：职教高考采用"文化素质+专业技能"的考试方式，其中专业技能考试成绩占比原则上不低于50%。文化素质考核通常采用笔试的形式，专业技能测试可采用笔试、机考、实际操作或笔试与实际操作相结合的方式进行。

普通高考：普通高考通常采用笔试的形式进行。

（五）成绩确认的区别

职教高考：总分为750分，普通高中毕业生的文化素质成绩可使用高中学业水平考试成绩。中职学校毕业生的文化素质成绩可使用省级高校招生委员会（以下简称省级招委会）统一组织或经省级招委会批准的少数优质高职院校组织的文化基础考试成绩，或使用中职学校学业水平考试成绩。普通高中毕业生报考分类考试的，参加省级招委会或高职院校组织的与报考专业相关的职业适应性测试；中职学校毕业生报考分类考试的，参加省级招委会或高职院校组织的职业技能考试。如山东省2022年的技能测试由省教育招生考试院负责组织管理，委托部分主考院校，分38个专业类别组织实施，考生可选择其中一类参加考试。

普通高考：总分为750分，语文、数学、外语3门统考科目，每门150分，其中外语科目含听力考试30分。3门选择性考试科目每门100分。要求学生所选的选择性考试科目的合格性考试成绩必须达到合格。如浙江省语文、数学、外语以原始得分计入考生总成绩，选考科目按等级赋分，以高中学考成绩合格为赋分前提，根据事先公布的比例确定等级，每个等级分差为3分，起点赋分40分，语文、数学成绩当次有效，外语和选考科目成绩2年有效。而山东省语文、数学、外语3科使用原始分数，自选3科是转换为等级分计入成绩。如江苏省语文、数学、外语3门统考科目以及物理、历史以原始分计入总分，其余科目（思想政治、地理、化学、生物）以等级分计入总分。

第三节 我国职教高考面临的挑战

职教高考作为现代职业教育体系的重要环节，彰显了职业教育面向人人、面向市场、面向能力的类型属性特征，解决了技术技能人才学业成长路径不畅、高层次技术技能人才短缺问题，满足了产业转型升级对高技能人才的迫切需求，为学生根据个人兴趣和爱好选择专业和学校创造了条件，为更多青少年走技能成才、技能报国之路奠定坚实基础。但是，由于职教高考还处于探索和试点实施阶段，在诸多方面还面临一些挑战。

一、考试公平性

高职院校分类考试是技术技能人才选拔的重要渠道，是符合高等职业教育特点的考试评价方式，为各类学生接受高等职业教育提供多样化入学方式。但是，考试的公平性与科学性问题依然是职教高考面临的主要难题。职教高考采取"文化素质+职业技能"的评价方式，其中的职业技能测试体现了职业教育的类型属性。但是，职业技能考试通常由省级招委会统筹，各高职院校具体组织实施，存在考试内容随意性大、标准不统一、难度差别大等诸多问题，使考试的公平性面临挑战。

二、考试目标

职教高考的目标是实现适应需求、因材施考、因材施教，科学选拔人才，体现在3个方面：一是满足区域经济社会发展和产业转型升级需要，二是适应高职院校特色发展定位需要，三是适应学生个性化发展需要。目前，职教高考在实现测试目标方面还存在一定困难，主要表现为：考试内容与产业发展、企业职业岗位要求结合不够紧密；考试内容与专业人才培养目标吻合度不高；考试内容对考生的学情考虑不充分，学生差异化发展、个性化成才体现不足等。

三、考试内容

职业教育是面向能力的实践教育，因此选拔生源时，除了要求具备必需的理论基础外，还要具备一定的实践操作能力。以山东省为例，职教高考技能考试最初是通过笔试完成测试，2014年开始实施现场实操测试，重点考核学生的实践动手能力和职业素养。如商贸类专业侧重于商品促销方案策划、业务单证缮制等，通过上机考试完成；电工电子类专业侧重于焊接、组装、设计、调试等，通常在实践教学场所动手操作完成。由于受命题质量、测试场地、测试经费等条件限制，不同专业技能测试局限于固有的面试、上机考试、现场实操等大众化的考试模式，表现为考试方式僵化，还不能提供鉴别考试知识、能力、素质等方面差异的考试内容，不利于选拔出创新型、复合型技术技能人才。

四、评价主体

我国已经进入新的发展阶段，产业升级和经济结构调整不断加快，新产业、新业态、新商业模式不断涌现，对技术技能人才的能力结构和素质结构提出了新要求。因此，从利益相关者的视角看，职教高考需要相关行业和企业全程参与考试过程。当前职教高考的相关政策中，对学生、学校、省级政府的职责都有明确规定，但是对行业、企业等其他利益相关方的职责较少提及，导致各利益相关方的改革要求与现行政策之间存在差距[39]。

五、考试可测量性

考试内容、过程和结果可测量是保证考试质量和有效性的基本要求。职教高考要求职业技能考试成绩占比原则上不低于50%，主要考核学生的实践能力和职业素养，因此，职教高考的技能考试通常采用过程评价和结果评价相结合的方式。过程评价主要是由评定员根据考生的现场操作和表现进行评分。在考试过程中，考生的操作是否规范、是否达到指定的熟练程度等指标，均受主观因素影响，使考试标准量化困难，从而影响职教高考的公平性。

第四节 我国职教高考改革的必要性

教育部职业教育与成人教育司司长陈子季在教育2020"收官"系列新闻发布会上表示,"十四五"期间,我国职业技术教育重点要做的第一件事就是要建立职教高考制度。完善落实"职教高考"制度,畅通技术技能型人才成长渠道是在此现实情况下的必然选择。

一、"深化考试招生综合改革"是"十四五"时期的重要建设任务

2021年是"十四五"的开局之年,中国特色社会主义进入高质量发展新时代。"十四五"也是我国职业教育推进高质量发展从"大有可为"到"大有作为"的黄金期。国家"十四五"规划纲要提出"建设高质量教育体系",明确了"增强职业技术教育适应性""大力培养技术技能人才""深化考试招生综合改革"等任务。全国职业教育大会提出建设技能型社会的战略和理念,要求加快构建现代职业教育体系,培养更多高素质技术技能人才、能工巧匠、大国工匠,对职业教育在新发展阶段的高质量创新发展赋予了战略层面的历史新使命,对职教高考改革提出了紧迫的要求。

二、职教高考是适应我国劳动力人口结构变化的需要

国家大力推动职教高考制度的建立和我国劳动力人口结构变化密切相关。党的十九大报告提出"加快建设制造强国,加快发展先进制造业"。这既是深化供给侧结构性改革、推动经济高质量发展的重要内容,也是全面建设社会主义现代化强国的客观要求。2012年后,我国人口红利逐渐淡化,经济发展结构的调整对劳动者的素质结构和能力结构提出了更高的新要求。我国是制造业大国,新一代信息技术、生物技术、新能源、新材料、高端装备、绿色环保以及航空航天、海洋装备等新兴产业对技术人才的需求也越来越大,人才缺口逐渐显现,复合型、创新型技术技能型人才尤其缺乏。因此,完善职教高考制度,畅通技术技能型人才成长渠道是推进中国制造向中国创造转变、中国速度向中国质量转变、制造大国向制造强国转变的必然选择。

三、完善"文化素质+职业技能"考试招生办法是增强职业教育适应性的要求

"十四五"期间,增强适应性是职业教育提质培优的关键,是职业教育高质量发展的重要标志,也是建设技能型社会的迫切需求。当前在全国超2亿的技能劳动者中,高技能人才仅有5000多万人,高素质技术技能人才的供需显现出结构性矛盾。考试招生和评价选拔,是培养高素质技术技能人才的前提。改革完善"文化素质+职业技能"的职教高考制度,关系到考生的切身利益和社会的安全稳定,关系到为产业发展提供适应需求的技术技能人才,关系到为学校特色发展选拔合适的生源,因此尤显重要。

四、职教高考制度是构建现代职教体系的关键举措

职业教育作为和普通教育同等重要的教育类型,应该建立起和普通高考同等效力的职教高考制度。适应地方经济社会发展需要,满足人民群众多样化职业教育需求,形成由中职、专科、本科到研究生的有机衔接,职业教育、普通教育、继续教育相互沟通的现代职业教育体系,是加快发展现代职业教育的战略任务。现代职业教育体系建设的基础和切入点就是建立职教高考制度,实现中高职衔接,打通技术技能型人才成长空间和发展通道,实现教育供给与社会需求的统一。

五、职教高考制度是技术技能人才多元化发展的必然要求

加德纳的多元智能理论认为,智力是彼此相互独立、以多元方式存在的,是个体解决实际问题的能力,是生产及创造出社会需要的有效产品的能力,是每个人在不同方面、不同程度拥有一系列解决现实中实际问题的能力。根据加德纳的多元智能理论,不同的人会有不同的智能组合,每个人的智能呈现出各不相同的特点。职教高考实施"文化素质+职业技能"的评价方式,采用多元化的分类评价,承认、尊重、善待技术技能人才个人智能的多元化和差异化,体现了个性化、多元化、全面化的教育理念,强调动手操作能力的开发和分析、判断和解决问题能力的培养,满足职业院校学生接受更高层次教育的普遍愿望,为职业教育的学生提供了发展的舞台。

第三章　技能型社会背景下职教高考改革的理论依据

建设技能型社会，需要职业教育从技术技能人才的"入口"、培养、就业全过程与产业发展吻合。作为"入口"的职教高考改革必须有坚实的理论基础作为保障，为构建现代职业教育体系，服务技能型社会建设提供理论支撑。

第一节　教育测量理论

测量最开始主要用于数学、物理学和测绘学等，是按照某种规律，用数据来描述观察到的现象，即对事物做出量化描述。教育测量就是测量技术与行为在教育领域的迁移，是根据一定的法则用数量对教育效果或教育过程加以确定。

一、教育测量理论的起源与发展

教育测量通常指对教育现象进行定量化测定的一门教育科学，主要研究教育或训练效果测量的原理和方法。教育测量起源于古代的考试，但古代的考试并非科学的教育测量。教育测量理论最早出现于19世纪70年代末期德国心理学家冯特建立的世界上第一个有关心理学研究的实验室，19世纪80年代初，高尔顿通过统计的方法把各个被测试人类的能力量化成数目，为后续学者将被试能力水平与被试学习效果进行量化比较提供了优秀的研究思路与方向。比纳和昂利于19世纪90年代设计出一套智力测验方法，然后在西蒙的帮助下创立了著名的比纳—西蒙智力量表。桑代克的《精神与社会测量导论》代表着教育测量理论的正式诞生。泰勒的《成绩测验的编制》和《课程与教学的基本原理》的发表，标志着现代教育评价的开端，泰勒的思想和研究方法对当时的教育测量与评价产生了巨大的影响，同时促进了后续教育测量与评价体系的蓬勃发展。

我国的教育测量与评价研究起步较晚。20世纪80年代,《中共中央关于教育体制改革的决定》出台,其中首次明确了教育评价在我国教育体制改革中的重要地位及作用,教育评价活动以及关于评价理论的相关研究才逐渐流行起来。随着西方标准化测验的引入、以目标为导向的泰勒评价模式在国内的传播,我国定量化的实证评价得到一定范围的运用。雷新勇在《教育测量理论应用于高考改革实践若干问题的探讨》中,针对高考改革实践中涌现的一些焦点问题,对目前教育测量理论与技术指导高考改革实践发挥作用的局限性进行学理上的阐述,包括项目反应理论能否应用于高考、考试时长的确定、学业水平等级性考试分数转换、情境化命题、语文写作评分、合成总分录取等[40]。张敏强等在《新高考改革背景下的教育考试数据评价》中分析了新高考改革背景下,针对考试的不同定位做出恰当的教育考试数据评价,确定数据分析技术、分析模式和服务对象,保障教育考试改革的顺利开展,同时也可为教育决策提供支持[41]。

二、教育测量理论的内涵

广义的教育测量指运用测量手段对教育活动所进行的量的测定,如教育投入、教育过程各要素、教育的效果等。狭义的教育测量专指按一定规则对学生的知识、智能、个性发展、思想品德等的测定[42]。

当前国际上通行的教育测量理论主要有经典测量理论、项目反应理论、概化理论等。其中,经典测量理论是项目反应理论和概化理论形成的基础。本书主要研究经典测量理论。

（一）经典测量理论

经典测量理论也称真分数理论,是20世纪初提出,20世纪50年代日趋完善。经典测验理论在心理与教育测量发展史上有特殊地位,既是历史上第一个测验理论,也是测量最一般、最基本的理论,应用极为广泛。经典测量理论起源于斯皮尔曼有关智力和智力测验的著名研究,并由诺威克给出了最终的公理化形式。

经典测量理论假设观测分数X是由真分数T及随机测量误差E所组成,即:

$$X=T+E$$

式中误差E的平均数等于0,误差E与真分数T间的相关性为0。

根据这些基本假设,提出信度和效度的概念。信度等于真分数变异数与实得分数变异数之比。效度等于有效分数变异数与实得分数变异数之比。在此基本理论框架基础上，经典测量理论建立了自己的测量方法体系，推导了包括信度和效度在内的各种指标的计算公式，完善了测量的标准化程序，使整个测量过程建立在较为客观的基础上，且易于理解，具有较强的适应性。

经典测量理论自20世纪20年代传入我国，最初被广泛运用于心理测量，随后被运用在教育领域并得到深入发展，占据了极其重要的地位，为整个教育测量学的基本理论奠定了坚实的基础。目前，我国人才测评所用的量表大多是在经典测量理论的基础上编制的，在测验项目的质量分析等方面依然发挥着重要的作用。

（二）项目反应理论

1952年，被称为"项目反应理论之父"的落德第一次对项目反应理论做了系统的阐述，伯恩汤姆随后系统解决了项目反应理论的一些模型存在的数学问题，标志着项目反应理论体系的基本形成。项目反应理论是依据一定的数学模型，用项目特征参数估计受测者潜在特质的一种测量理论，通常又被称为项目特征曲线理论或潜在特质理论。自20世纪70年代以来，项目反应理论在测验设计、能力估计、测验同化、适应性测验等方面得到应用。

项目反应理论是建立在强假设基础之上的，假设每个受测者都有某种相对稳定的内在特质θ，从而支配受测者对相应的测验做出反应。在测验中，通常用测验总分来估算受测者的潜在能力，用估计所得的特质去预测并解释受测者在相应情境中可能发生的行为特征。

项目反应理论在编制自适应测验、测验成绩等值处理、题库建设等方面有很大价值。但是由于项目反应理论建立在复杂的数学模型基础上，为参数的估计运算带来困难，因而在我国研究并不多。随着信息技术的迅速发展，项目反应理论借助计算机技术运算速度快、精确度高等优势，能显著提高测验的信度和效度。

（三）概化理论

概化理论是经典测量理论和误差分析相结合的产物。1963年，科隆巴赫等人在《英国统计心理学杂志》上发表名为《概化理论：信度理论的丰富和发展》的论文，标志着概化理论的正式诞生。20世纪90年代，概化理论已经发展成为与项目反应理论同等重要的教育测量理论，并广泛用于测验的信度、测量误差的估计等研究中。

概化理论主要运用方差分析的方法对测验情况中误差的各种来源进行区分，把误差方差分解成相应的各方差分量，通过选择合理的测验设计方案以减少误差，提高测量的精确度。概化理论提出了多种真分数与不同信度系数观念，并设计了方法去研究测量误差方差的来源。概化理论的统计分析主要由概化研究（G研究）和决策研究（D研究）两个阶段构成。通常，G研究主要为D研究做准备，即通过G研究辅助设计一项具有充分概括力的D研究。概化理论假设存在一个可接受的观察全域，即包含了在所有可能的测量条件下进行所有可能的观察，测量就是从这个全域中随机抽取一个样本。

概化理论在20世纪90年代得到较快发展，并被越来越多地运用于测量分数的推广性、评分者信度估计、临界分数误差估计以及标准参照测验的信度研究中。概化理论在我国的应用与发展相对缓慢，经历了较长的试验研究阶段，目前主要运用于考核、面试等主观性因素为主的测评中。

三、教育测量理论对职教高考改革的指导作用

教育测量在人才选拔、因材施教、教育评价、教育研究等方面有重要作用，教育测量理论用于考试效度评估，为试题质量的定量分析提供了良好的理论基础，为试题质量分析提供了科学合理的数学模型，为试题质量分析的实证研究提供了具体的执行方案。我国教育考试界早就开始运用教育测量理论和技术指导高考和高考改革实践，但是，由于职教高考在我国出现时间较短，因此，相应的理论研究较少。

本研究从难度、区分度、效度、信度等四个维度，研究经典教育测量理论，并用于指导职教高考的考试内容（测量什么的问题）、考试方法（怎么测量的问题）、效度评测（测量工具如何的问题）的研究。难度，要能充分适合被测试者的能力水平；区分度，要能准确鉴别被测试者技能水平的高低；信度，要能稳定呈现被测试者技能的实际水平；效度，要能有效反映被测试者的能力建构，提高技能考试的可靠性，保证职教高考作为制度设计的权威性。

第二节　多元智能理论

美国哈佛大学教育研究院心理发展学家霍华德·加德纳在1983年提出多元智能理论，强调不同的人会有不同的智能组合。考试招生制度改革使职业院校生源

结构呈现多元化特征，学生的入学基础、学习特征、学习需求差异化明显。用多元智能理论指导职教高考改革就显得尤为重要。

一、多元智能理论的发展

20世纪初，法国心理学家比奈创造了智力测验，用来测量人的智力的高低。1916年，德国心理学家施太伦提出了智商的概念，认为智商即智力商数，是用数值来表示智力水平的重要概念。1935年，亚历山大第一次提出非智力因素，即记忆力、注意力、观察力、想象力、思维力等智力因素之外的一切心理因素，主要包括动机、兴趣、情感、意志、性格等。1967年，美国在哈佛大学教育研究生院创立《零点项目》，主要任务是研究在学校中加强艺术教育，开发人脑的形象思维问题，多元智能理论就是这个项目在20世纪80年代的一个重要成果。

哈佛大学霍华德·加德纳教授在参与此项研究中首先重新考察了大量资料，包括关于神童的研究、关于脑损伤病人的研究、关于有特殊技能而心智不全者的研究、关于正常儿童的研究、关于正常成人的研究、关于不同领域的专家以及各种不同文化中个体的研究。通过对这些研究的分析整理，他提出了自己对智力的独特理论观点，并与1983年出版了《智力的结构》，首次提出并着重论述了多元智能理论的基本结构，并认为支撑多元理论的是个体身上相对独立存在着的、与特定的认知领域或知识范畴相联系的八种智力，从而为多元智能理论奠定了理论基础。

二、加德纳的多元智能理论

加德纳认为，智能是人在特定情景中解决问题并有所创造的能力，每个人都拥有八种主要智能：言语——语言智能、逻辑——数理智能、视觉——空间智能、身体——动觉智能、节奏——音乐智能、交流——人际交往智能、自知——自省智能、探索——自然探索智能。加德纳的多元智能理论是对传统"一元智能观"的挑战。他主张"情境化"评估，改正了以前教育评估的功能和方法。

（一）语言智能

主要是指有效地运用口头语言及文字的能力，即听说读写能力，表现为个人能够顺利而高效地利用语言描述事件、表达思想并与人交流的能力。这种智能在作家、演说家、记者、编辑、节目主持人、播音员、律师等职业上有更加突出的表现。

（二）数理智能

主要是指从事与数字有关工作所需要的有效运用数字和推理的智能。从事这种工作的人学习时靠推理进行思考，喜欢提出问题并进行试验以寻求答案，寻找事物的规律及逻辑顺序，对科学的新发展有兴趣，对可被测量、归类、分析的事物比较容易接受。

（三）空间智能

空间智能表现为对线条、形状、结构、色彩和空间关系的敏感以及通过平面图形和立体造型将它们表现出来的能力。这类人感受、辨别、记忆、改变物体的空间关系并借此表达思想和情感的能力比较强，能准确地感觉视觉空间，并把所知觉到的内容表现出来。空间智能可以划分为形象的空间智能和抽象的空间智能两类。

（四）动觉智能

主要指善于运用整个身体来表达想法和感觉，以及运用双手灵巧地生产或改造事物的能力。表现为能够较好地控制自己的身体，对事件能够做出恰当的身体反应以及善于利用身体语言来表达自己的思想。这类人很难长时间坐着不动，喜欢动手建造东西，喜欢户外活动，与人谈话时常用手势或其他肢体语言。运动员、舞蹈家、外科医生、手艺人都有这种智能优势。

（五）音乐智能

这种智能主要是指人敏感地感知音调、旋律、节奏和音色等能力，表现为个人对音乐节奏、音调、音色和旋律的敏感以及通过作曲、演奏和歌唱等表达音乐的能力。对于这种智能，作曲家、指挥家、歌唱家、乐师、乐器制作者、音乐评论家等都有出色的表现。

（六）人际交往智能

主要是指能够有效地理解别人及其关系和与人交往的能力，包括组织能力、协商能力、分析能力、人际联系等四大要素，表现为群体动员与协调能力、仲裁与排解纷争能力、察知他人情感动向与想法能力、善体人意，团体合作能力较强。

（七）自省智能

这种智能主要是指认识自己的能力，正确把握自己的长处和短处，把握自己的情绪、意向、动机、欲望，对自己的生活有规划，自尊、自律，会吸收他人的长处。对于这种智能，优秀的政治家、哲学家、心理学家、教师等人员有出色的表现。

（八）自然探索智能

主要指能认识植物、动物和其他自然环境的能力。自然探索智能强的人，在打猎、耕作、生物科学上的表现较为突出。自然探索智能包括对社会的探索和对自然的探索两个方面。

三、多元智能理论对职教高考的指导作用

根据加德纳的理论，学校在发展学生各方面智能的同时，必须留意每一个学生在某一、两方面的智能特别突出，因此，当学生未能在其他方面表现优秀时，学校不能惩罚学生。过去的多元智能发展主要集中在学前教育，因为教育专家认为，培养学生的多元智能发展应该从小做起，并慢慢推广到其他层面。然而，从广义来说，多元智能理论的框架不单能在小学及幼儿园的层面推广，在中学、大学、研究院和培训班也可以推广。

（一）用以指导构建科学人才观

多元智能理论认为，几乎每个人都是聪明的，学生的差异性不应该成为教育上的负担，相反，是一种宝贵的资源，与"人人皆可成才、人人尽展其才"的职业教育人才观吻合。职业教育的价值，贵在人人皆可成才，人人都可以施展才能。尊重每一个受教育者的特殊性，树立多样化、科学化的人才观。普通高等教育通过学习与教育，培养研究型、学术性或工程技术型专家；职业教育培养技术型、技能型、技艺型专家。他们是社会不同工作岗位、不同工作阶段、不同工作层面上的专家，对社会的发展和对人类的贡献，都是不可替代的。因而，要用赏识和发现的目光去看待学生，在职教高考过程中充分考虑到每个学生的学情，激发学生的学习动机和内在潜力，促使每个学生做最好的自己，为建设人力资源强国和创新型国家提供人才支撑。

（二）用以指导职教高考内容和方式改革

多元智能理论强调应该根据每个学生的智能优势和弱势选择最适合学生个体的教育方法。孔子提出要考虑个体差异、因材施教的教育理念。因此，每个学生都是独一无二的个体，每个学生都是知识的探索者和发展者，教师要关注学生差异，尊重学生差异，要给学生的不同见解留有一定空间，根据每个学生的特点和发展方向，优化职教高考内容和方式，重视小组合作学习和讨论，注重反思提升，挖掘学生潜力，最终促进每个学生都成为优秀的自己。

（三）用以指导构建发展性评价体系

加德纳提出了"智能本位评价"的理念，扩展了学生学习评估的基础。他主张"情境化"评估，改进了以前教育评估的功能和方法。《深化新时代教育评价改革总体方案》中明确指出：坚持面向人人、因材施教、知行合一，坚决改变用分数给学生贴标签的做法。考试招生制度改革尤其是百万扩招使高职院校生源结构多元化、学生需求多样化，用一把尺子衡量学生、一张试卷考学生，不适合学生个性发展需求。发展性评价适应高职院校生源结构多元化特征，其评价目的就是调动每个高职学生的学习主动性、积极性和创造性，找到每个学生进步发展的新起点、最近发展区和发展方向，以激发每个学生的发展潜能，摒弃评价的甄别和选拔功能，善于发现学生的优点和特点，使学生树立"我能行"的自信心。

（四）用以促进学生全面发展

马克思强调的"人的全面发展"，实质上是"人的本质力量的展示"和"人的本质力量的发展"，强调的是全面的发展、和谐的发展、自由的发展、充分的发展，这是马克思主义追求的根本价值目标。多元智能理论承认、尊重、善待个人智能的多元化和差异化，体现了个性化、多元化、全面化的教育理念。学生在解决问题时，各种智能协调共同起作用，因此，职教高考的目的不是甄别学生，而是要利于学生各种智能的发展，促进学生智能组合的整体提高。多元智能理论为职业院校有效分析学生的能力和发展方向提供有力的理论基础和支撑。

第三节　人的全面发展理论

马克思在《资本论》中提到，未来教育将使生产劳动同智育和体育相结合，它不仅是提高社会生产的一种方法，而且是造就人的全面发展的唯一方法。职业教育作为同经济社会发展结合最紧密的教育类型，更要坚定不移地秉承职业必须与生产劳动相结合的教育主张。

一、人的全面发展理论概述

（一）人的全面发展理论的提出

人的全面发展是马克思主义的基本原理之一，也是中国教育方针的理论基石。马克思主义关于人的全面发展学说是建立在历史唯物主义和剩余价值学说的理论基础上，它把人的全面发展看成是现代化大生产的客观要求。马克思指出，"人的全面发展"首先是现实的人的全面发展，其次是处于社会中的每个人得到全面的发展，最后，是"全面"的发展，即社会的每个成员都能够完全自由地发展和发挥他的全部才能和力量。马克思主义关于人的全面发展学说的基本理论主要包括以下六个方面的含义：

（1）人的全面发展是与人的片面发展相对而言的，全面发展的人是精神和身体、个体性和社会性得到普遍、充分而自由发展的人；

（2）人朝什么方向发展、怎样发展、发展到什么程度取决于社会条件；

（3）从历史发展的进程来看，人的发展受到社会分工的制约；

（4）现代大工业生产的高度发展必将对人类提出全面发展的要求，并提供全面发展的可能性；

（5）马克思预言，人类的全面发展只有在共产主义社会才能得以实现；

（6）教育与生产劳动相结合是实现人的全面发展的唯一方法。

（二）人的全面发展理论与我国教育方针的结合

中华人民共和国成立以来，中国共产党继承和发展了马克思主义的人的全面发展思想，一直坚持把全面发展作为教育的基本方针。党的十九大报告将"不断促进人的全面发展"列入习近平新时代中国特色社会主义思想的重要内容。党的十九届四中全会《中共中央关于坚持和完善中国特色社会主义制度 推进国家治理体系和治理能力现代化若干重大问题的决定》指出：培养德智体美劳全面发展的社会主义建设者和接班人，是当代中国马克思主义在党的教育方针范畴的最新理论和实践成果。坚持人的全面发展思想，对于加快发展中国特色的现代职业教育有着重要指导意义。

二、人的全面发展理论研究动态

人的全面发展理论是马克思在研究了资本主义发展的三个阶段中分工变化的基础上，揭示全面发展的客观趋势，是马克思主义人学理论的核心内容，也是教育基本理论之一。将个人的全面发展与人类的发展进步统一起来，将办好全面发展的教育与促进人的全面发展统一起来[43]。较早对"人的全面发展"和"职业教育"进行较系统阐述的是叶肇芳在2000年发表的《论职业教育与人的全面发展》，文章从职业技术教育与人的全面发展的关系分析入手,论述职业技术教育对人的全面发展的特殊作用[44]。朱永新认为,职业教育应树立"为了实现人的全面可持续发展"的教育理念。职业教育首先应该是人的教育,其次才是职业的教育[45]。

三、人的全面发展理论对职教高考改革的指导作用

马克思把全面发展的人称为"把不同社会职能当作互相交替的活动方式"的个人,把人的全面发展定义为个人生产力全面的、普遍的发展。马克思主义关于人的全面发展理论是渗透在马克思主义哲学、政治经济学和科学社会主义中的见解,在当代仍然具有很强的实践指导价值。职教高考是构建现代职业教育体系的重要环节,也要不断增强与产业发展的适应性、与职业院校发展的适应性、与学习者发展的适应性。

马克思把教育与生产劳动相结合看成是社会改造的强有力的手段之一,为了从根本上改造社会,需要培养全面发展的人,而为了培养全面发展的人,又需要从根本上改造社会。马克思所谓教育与生产劳动相结合,其生产劳动给每一个人提供全面发展和表现自己全部能力的机会,而教育是弥补旧的分工所造成的人的局限性的教育,这样的普遍生产劳动与普遍教育相结合是个人全面发展的必由之路。

职业教育是与生产劳动结合最为紧密、与经济社会发展结合最为紧密的教育类型。以人的全面发展理论为指导,在分析职业院校学生感性认知能力较强、学习行为特点差异较大的特征,生源结构呈现多样性和多元化态势,学生个体之间的学习需求和发展需求差异日趋多样特点的基础上,指导技能考试内容和考试方式优化,为各行各业选拔出合适的技术技能人才。

第四节 大职业教育主义理论

黄炎培职业教育思想理论以"谋个性之发展、为个人谋生之准备、为个人服务社会之准备、为国家及世界增进生产力之准备",最终达到"使无业者有业,使有业者乐业"为最终目标;以"手脑并用、做学合一""工学结合、注重实训""尊重个性,因材施教"等为教学原则;以"敬业乐群"为职业教育道德理念,建立了完整的职业教育理论体系。

一、大职业教育主义的提出

1925年12月，黄炎培先生在《教育与职业》杂志发表的《提出大职业教育主义征求同志意见》一文中首次为职业教育提出了"大职业教育主义"发展方针，即只从职业学校做功夫，不能发达职业教育；只从教育界做功夫，不能发达职业教育；只从农、工、商职业界做工夫，不能发达职业教育。

"大职业教育主义"是黄炎培职业教育思想的核心，包括职业教育的定义、目的、内涵、方法和实践路径等。他认为，"办职业学校的，须同时和一切教育界、职业界沟通联络；提倡职业教育的，同时须分一部分精神，参加全社会的运动。"强调的是职业教育与社会的沟通，即职业教育社会化，内容包括：办学宗旨的社会化——以教育为方法，而以职业为目的；培养目标的社会化——在知识技能和道德方面适合社会合作的各行业人才；办学组织的社会化——学校的专业、程度、年限、课时、教学安排均需根据社会需要和学员的志愿与实际条件；办学方式的社会化——充分依靠教育界、职业界的各种力量，尤其校长要擅长联络、发挥社会各方面力量。

黄炎培先生指出，只从职业学校做功夫，使职业学校以外各教育机关总觉得职业教育另为一派。不要说师范教育、医学教育等都是广义的职业教育，就是大学、中学、小学和职业教育都密切相关。如果职业学校认为我与一般教育无关，其他学校认为我不是职业学校，与职业教育无关，会使范围越来越小，教育机关之间不合作、不交流，这样的职业教育是不会发达的。

办职业学校最大的难关就是学生的出路，无论学校办得多好，如果学生没有出路，是不好招生的。要想使学生就业好，就要做到职业界认可学校，认可学校培养的人才。设什么专业，看职业界的需要；开什么课程，用什么教材，征求职业界的意见；培养什么样的学生，适应职业界的习惯；聘请教师，要用好职业界的人才，只有这样打成一片，才能让职业界把学校看作是自家的学校[46]。

二、大职业教育主义的研究动态

黄炎培职业教育思想自提出并形成近百年时间以来，一直备受教育界及社会各界的关注和研究，尤其是改革开放以来，随着职业教育进入大发展时期，黄炎培职业教育思想更受到重视，其中"大职业教育主义"作为黄炎培职业教育思想的核心部分之一，成为当代职业教育理论和实践研究领域的热点之一。本部分将对黄炎培大职业教育主义的研究分为三个领域。

（一）重点研究黄炎培大职业教育主义的基本内涵，倡导"职业教育社会化"思想

黄炎培提出凡教育皆职业性的大职教观。林苏所作的《黄炎培大职业教育主义研究》是近年来较早地对黄炎培大职业教育主义进行较全面研究的学术文章。文章中阐述了黄炎培大职业教育主义的形成、内涵和现实意义，认为黄炎培的大职业教育主义突破了就教育论教育的局限，把职业教育和普通教育有机地结合在一起，将职业教育放在整个社会大环境中，与职业紧密联系，成为一种平民教育。大职业教育主义所揭示的职业教育的教育本质、社会属性以及平民意识等观点，对当今职业院校的改革和发展有着现实的借鉴意义。我国职业教育必须与经济社会保持同步协调发展，走大众化和平民化的道路[47]。董仁忠的《论黄炎培"大职业教育主义"思想及其启示》是另一篇引用频率较高的文章。文章认为，黄炎培大职业教育主义思想是具有鲜明民族特色的本土化职业教育理论，它确立了"大职教观"，理顺了职业教育的管理体制，加大了国家举办弱势群体职业教育的力度，出台了相关政策，积极促进了企业参与职业教育，形成了职业学校办学模式以及职业教育功能的多元化[48]。

（二）对于黄炎培大职业教育主义思想的研究，更进一步深入和丰富，并与职业教育改革发展实践联系更为密切

作为一名职业教育的实践家和行动派，黄炎培从长期教育实践经验中总结形成了大职业教育主义思想，提出"用教育方法，使人人以其个性，获得生活的供给和乐趣，同时尽其对群之义务"。喻忠恩在《从社会化到化社会：黄炎培"大职业教育主义"之内涵》中提出，黄炎培的大职业教育主义本质上包含了两层含义，即职业教育社会化和职业教育化社会。前者是职业教育生存的基本前提，后者是职业教育发展的必要条件。大职业教育主义反映了黄炎培对职业教育本质的认识以及解决职业教育生存发展困境的基本思路[49]。肖龙在《黄炎培大职业教育主义思想的形成、特点与启示》中阐述了新时代背景下黄炎培大职业教育主义思想的启示，认为新时代我国职业教育改革与发展仍需借鉴其思想，完善职业教育与培训体系、深化产教融合与校企合作、推动具有工学结合意蕴的实践教学改革[50]。井亚琼在《"大职业教育"理念下我国职业教育发展探思》中提出，"大职业教育"理念对当代中国职业教育发展的启示主要体现在两个方面：一方面，应当保证职业教育和培训体系趋于完善，并尽可能体现出大职教观；另一方面，应当保证各方参与职业教育，力争在此基础上做到做学结合、工学结合，从而达到理想的教学效果，应多主体联动落实"大职业教育"理念，使从小学至就业的整个大职业教育体系从松散结合状态转变为有机联系状态[51]。张丽娜在《黄炎培大职业教育思想的内涵及现代价值》中指出，在人才供需结构性矛盾突出、产教融合需求迫切的今天，黄炎培大职业教育思想对树立开放的职业教育观念、构建融通的职业教育体系、做实针对性的职业教育方法极具指导意义[52]。

（三）大职业教育思想与构建现代职业教育体系相关研究引起重视，强调自上而下自成体系

黄炎培强调职业教育应是"一贯的、整个的、正统的"，即职业教育自上而下自成体系。2014年的全国职业教育工作会议提出"加快构建中国特色现代职业教育体系"后，关于现代职业教育体系的研究成为热点。其中较有代表性的观点有董仁忠、石伟平在《"大职教观"问题探微》一文中提出的"新形势下的'大职教观'不只是意味着大职业教育体系，更是意味着人们有关职业教育思维的根本转变，呈现出科学性、整体性、开放性、人性化、多元化和社会性等特点"[53]。陈鹏、庞学光的《大职教观视野下现代职业教育体系的构建》认为，现代职业教育体系的构建应基于大职教观的视野，全面考察职业教育的外部适应性、内部延展性和内"外"互通性三个基本维度。具体而言，现代职业教育应在满足经济发展的高端性需求、人民群众的广泛性需要和职业人个体的普适性需要等外部需求的基础上，建构包含职业启蒙教育、职业准备教育和职业继续教育一体化的内部结构[54]。在2020年召开的"黄炎培职业教育思想与新时代中国职业教育的使命"学术会议上，天津大学潘海生教授认为，职业教育大有可为，但也面临着理念滞后、制度缺位的挑战，亟待构建一个内涵更加清晰、结构更加健全、沟通更加灵活、办学更具活力、交流更加开放的现代职业教育体系，提升职业教育的适应发展能力，把职业教育办成以职业促进人格发展的生涯教育[55]。

三、大职业教育主义理论对职教高考改革的指导作用

黄炎培大职业教育主义理论提出"谋个性之发展、为个人谋生之准备、为个人服务社会之准备、为国家及世界增进生产力之准备"等职业教育思想，认为职业教育是与一般教育密切联系的，是与社会发展密切联系的，是与个人发展密切联系的，对我国职教高考改革具有重要的理论指导作用。

（一）职教高考要与普通教育招考融合

大职业教育主义指出，"只从职业学校做功夫，不能发达职业教育。"职教高考作为职业教育的"入口"，要从根本上与普通教育招考一体化发展，推进职普融通，探索通过学分互认等形式，完善中职学生、专科层次职业院校学生进入普通本科学校的渠道，完善与职业教育发展相适应的学位授予标准和评价机制，建立职业教育与普通教育之间人才成长的"立交桥"。

（二）职教高考要满足社会市场对人才的需求

大职业教育主义提出，"只从教育界做功夫，不能发达职业教育；只从农、工、商职业界做工夫，不能发达职业教育。"职业教育"为国家及世界增进生产力之准备"。职教高考改革要将产教融合、校企合作延伸到"入口"，行业企业参与到考试招生全过程，考什么，怎么考，怎么评，都由校企双方共同商定，从源头实现招工与招生的统一。

（三）职教高考要满足学生个性化发展需求

职业教育"要谋个性之发展、为个人谋生之准备、为个人服务社会之准备"。考试招生制度改革使职业院校生源结构多元化、学生需求多样化。为满足个性化需求，职教高考改革要在考试内容改革、考试方式改革、评价方式改革上下功夫，为学生依照兴趣和禀赋多样化选择、多路径成才搭建成长渠道。

第五节 教育评价理论

教育评价事关教育发展方向，有什么样的评价指挥棒，就有什么样的办学导向。2020年10月，中共中央、国务院印发了《深化新时代教育评价改革总体方案》，提出要落实立德树人根本任务，遵循教育规律，系统推进教育评价改革，发展素质教育，引导全党全社会树立科学的教育发展观、人才成长观、选人用人观，培养德智体美劳全面发展的社会主义建设者和接班人。

一、教育评价理论的含义

评价是一种价值判断，我国早在北宋时期就已出现"评价"一词，《宋史》有记载，"市物不评价，市人知而不欺。"这里的评价是讨价还价之意。教育评价是指在一定教育价值观的指导下，依据确立的教育目标，通过一定的技术和方法，对所实施的各种教育活动、教育过程和教育结果进行科学判定的过程。

教育评价来源于古代学校对学生的学力检验，形成于20世纪初兴起的以追求考查教育效果的客观性为目的的教育测验运动。教育评价理论与实践大致经历了古代传统考试、近现代的科学测试和当代的科学评价三个时期。

美国学者泰勒在"八年研究"报告中首次提出并使用"教育评价"的概念，认为"教育评价过程在本质上是确定课程和教学大纲实现教育目标的程度的过程"。1986年，泰勒在《教育评价概念的变化》一书中对教育评价的概念做了修订，提出教育评价是检验教育思想和教育计划的过程。虽然专家学者们对教育评价概念界定众说纷纭，但是，评价的核心要素是相对统一的。即由评价主体、评价理念、评价内容、评价标准、评价方法、评价结果等共同构成完整的教育评价体系[56]。

二、教育评价理论的发展

现代教育评价始于19世纪初的美国，先后经历了以测量、描述、判断、发展为标志的四个阶段。

（一）测量阶段

盛行于19世纪末，代表性人物是泰勒，提出了以教育目标为核心的教育评价原理，即教育评价的泰勒原理。该原理指出课程编制的四个步骤即确定教育目标、选择教育经验、组织教育经验、评价教育结果，泰勒因此被称为"教育评价之父"。他认为评价是为了实现教育目的，把具体的、可操作的学生行为目标作为评价的依据，追求的是教育客观化，这一阶段主要强调总结性评价。

（二）描述阶段

盛行于20世纪30年代，代表人物是斯塔费尔比姆。1967年，在对泰勒行为目标模式反思总结性评价弊端的基础上，斯塔费尔比姆提出了CIPP模式，强调评价的形成性功能。CIPP评估模型由四项评估活动的首个字母组成：背景评估

(context evaluation)、输入评估(input evaluation)、过程评估(process evaluation)、成果评估(product evaluation)。这四种评估为决策的不同方面提供信息,为项目、工程、职员、产品、协会和系统等的评估提供了较全面的指导,因而得到了广泛应用。

(三)判断阶段

盛行于20世纪50年代,代表人物是比贝,他把评价定义为"系统地收集信息和解释证据的过程,在此基础上进行价值判断,目的在于行动",出现了形成性评价。比贝首次表述了教育评价是一种目的在于行动的价值判断。这一表述对教育评价理论的发展起到了十分关键的作用。

(四)发展阶段

出现于20世纪80年代,以古巴和林肯等为代表,他们将评价理解为意义建构,改变了传统教育评价的弊端。20世纪90年代初,英国开放大学教育学院纳托尔和克利夫特等提出发展性教育评价的思想[56],倡导教育评价要以发展为本,要注重专业发展和个性发展,取得了很好的社会效益。阿斯廷提出Input-Environments-Output学生发展模型,强调学生与学校环境的互动是学生发展的主要影响因素。乔治·库的大学生学习成就影响因素模型,从更广的范围研究学生发展的内外部影响因素,并重点关注学生的学习参与和投入。

三、教育评价的功能

功能是事物或方法所发挥的有利作用。教育评价的功能主要有导向功能、鉴别功能、反馈功能、决策功能、激励功能、诊断功能、调节功能。

(一)导向功能

任何教育活动总是围绕着特定的培养目标而展开的,教育评价起着检验教学效果和学习成效的作用。一般来说,教育评价的导向功能包括对学校教学管理的导向功能、对教师教学的导向功能、对学生学习的导向功能。在评价过程中,把师生的活动分解成若干部分,并制定评价标准。根据这些标准判定师生的活动是否偏离了正确的教学轨道,偏离了教育方针和教学目标,是否全面完成各科教学大纲规定的目的和任务,从而保证教学始终沿着正确的方向发展。

(二)鉴定功能

教育评价的鉴定功能简单来说就是通过教育评价对教学活动的优劣进行甄

别,也就是评价教与学是否达到目标,并对其优劣程度、水平高低进行鉴定。早期的评价是以鉴定功能为主的,如泰勒的"行为目标模式"就是鉴定实际教学达到预设目标的程度。鉴定功能的发挥取决于评价内容和评价标准的可靠程度。鉴定可以归纳为三类,即水平鉴定、评优鉴定和资格鉴定。

(三)反馈功能

教育评价的反馈功能是通过一定手段的测评,发现教学中的问题,从而客观、科学地评价与指导教学改进。反馈信息在教学中具有重要的调整作用,只有通过反馈信息来调节行为,才有可能达到一定的目标。教师获得评价的反馈信息,能及时地了解自己的教学方法和教学过程组织中的某些不足,诊断出学生在学习上存在的问题与困难,调整自己的教学工作内容。学生获得反馈信息,能加深对自己当前学习状况的了解,确定适合自己的学习目标,从而调整学习方法。此外,还能起到激发学生学习动机的作用。教育评价的反馈功能可分为三类,即教育活动前的诊断性评价、教育活动中的形成性评价、教育活动后的终结性评价。

(四)决策功能

科学的教育评价是教育工作决策的基础,只有对教育工作有全面和准确的了解,才能做出正确的决策。美国教育部在1981年组织了一次18个月的教育评价活动,发现由于学校课程平淡,学生学习时间短,教学质量下降,培养出越来越多的庸才。这样的评价结果在美国引起了强烈反响,有50个州对学校的教学进行了决策,提高教学要求,延长学生学习时间,改革课程设置、教学内容和方法,有计划地培训教师,提高教师水平。教育决策的实践表明,任何科学的教育决策都是建立在教育评价提供的具有说服力的评价结果基础上的。

(五)激励功能

教育评价的激励功能是指具有激发评价对象行为动机,使评价对象为实现预期目标而不断进取的内在动力的效能。正当的竞争是使人奋进、发展、创新的动力,可以使院校之间、专业之间、课程之间、部门之间主动进行比较,自我反思,客观地认知其优势和弱势,了解差距,明确改革方向,制定对策,参与竞争,创造佳绩[57]。其激励功能包括对教师的激励和对学生的激励两个方面,通过评价反映出教师的教学效果和学生的学习成效。经验和研究都表明,在一定的限度内,经常进行记录成绩的测验对学生的学习动机具有很大的激发作用,可以有效地推动课堂学习。

（六）诊断功能

对教育效果进行评价，可以了解教育各方面的情况，从而判断它的质量和水平、成效和缺陷。全面客观的评价工作不仅能评估学生的成绩，还可以估计在多大程度上实现了教学目标，而且能解释成绩不良的原因，并找出主要原因。可见教育评价如同身体检查，是对教学进行一次严谨的科学诊断。

（七）调节功能

评价发出的信息可以使教师知道自己的教学情况、学生知道自己的学习情况，教师和学生可以根据反馈信息修订计划，调整教育教学行为，从而有效地工作以达到所规定的目标，这就是评价所发挥的调节作用。另外，评价本身也是一种教育教学活动，在这个活动中，学生的知识、技能、素质将获得长进，智力和品德也有进展。

四、教育评价的分类

（一）根据评价发挥作用不同分类

根据评价在教育教学活动中发挥作用的不同，可把教育评价分为诊断性评价、形成性评价和总结性评价三种类型。

（1）诊断性评价。诊断性评价是指在教育教学活动开始前，对评价对象的学习准备程度做出鉴定，以便采取相应措施使教学计划顺利、有效地实施而进行的测定性评价。诊断性评价的实施时间，一般在课程、学期、学年开始或教学过程中需要的时候。其作用主要有两个：确定学生的学习准备程度和适当安置学生。

（2）形成性评价。形成性评价是在教育教学过程中，为调节和完善教学活动，保证教育教学目标得以实现而进行的确定学生学习成果的评价。形成性评价的主要目的是改进、完善教育教学过程。首先，确定形成性学习单元的目标和内容，分析其包含的要点和各要点的层次关系；其次，实施形成性测试，测试包括所测单元的所有重点，测试进行后教师要及时分析结果，同学生一起改进、巩固教学；最后，实施平行性测试，其目的是对学生所学知识加以复习巩固，确保掌握并为后期学习奠定基础。

（3）总结性评价。总结性评价是以预先设定的教育教学目标为基准，对评价对象达成目标的程度即教育教学效果做出评价。总结性评价注重考查学生掌握某门学科的整体程度，概括水平较高，测验内容范围较广，常在学期中或学期末进行，次数较少。

（二）根据评价标准不同分类

根据评价所运用的方法和标准不同，可分为相对性评价、绝对性评价和个体内差异性评价。

（1）相对性评价。相对性评价是从评价对象集合中选取一个或若干个对象作为基准，将余者与基准做比较，排出名次、比较优劣的评价方法。相对性评价便于学生在相互比较中判断自己的位置，激发竞争意识。

（2）绝对性评价。绝对性评价是设定评价对象以外的客观标准，考察教学目标是否达成，可以促使学生有的放矢，主动学习，并根据评价结果及时发现差距，调整自我，具有明显的教育意义。

（3）个体内差异性评价。个体内差异性评价是指以学生自身的实际状况为基准，就学生自身的发展情况进行纵向比较而做出价值判断的过程。它既可以把评价对象的过去和现状进行比较，又可以把自身不同侧面进行比较，发现个人的进步，增加学生的自信心，促进评价对象的发展。

五、教育评价理论对职教高考改革的指导作用

考试招生和评价选拔，是培养高素质技术技能人才的前提，是完善职教高考内容和形式的基础工作，关系到考生的切身利益和社会的安全稳定，因而，将教育评价理论用以指导职教高考改革具有重大研究价值和现实意义。

（一）指导构建多元化考试评价主体

教育评价具有决策功能，职教高考选拔的技术技能人才是否满足社会和企业用人需求，还需要企业最终决策。因此，职教高考要有相关行业和头部企业全程参与考试命题和标准制定，参与考试评价，使技能考试标准与职业岗位要求相匹配，从"入口"解决校企合作不紧密的问题，从根本上实现学校、学生和企业共赢、共生。

（二）指导设计个性化考试内容

教育评价要能根据学生自身的发展情况进行纵向比较而做出价值判断，职教高考的内容要契合被测试者学习基础、学习习惯、思维方式等差异化学情特征，注重服务其全面发展和个性化成才，拓宽职业空间，使被测试者能根据个人的兴趣爱好，选择发挥个人技能专长的测试项目。

(三)指导制定科学的考试标准

教育评价要求能对所实施的各种教育活动、教育过程和教育结果进行科学判定,因而,职教高考实施的是"文化素质+职业技能"的评价方式。由于技能考试的复杂性,因此要坚持质性评价与量化评价相结合,并以量化评价为主,减少评分人员主观因素的影响,确保技能考试的公平性和公正性。

第四章　技能型社会背景下职教高考内容改革研究

2014年，国务院发布的《关于深化考试招生制度改革的实施意见》明确提出，深化高考考试内容改革，依据高校人才选拔要求和国家课程标准，科学设计命题内容，增强基础性、综合性，着重考查学生独立思考和运用所学知识分析问题、解决问题的能力。2020年，中共中央、国务院印发的《深化新时代教育评价改革总体方案》指出，构建引导学生德智体美劳全面发展的考试内容体系。技能型社会对技术技能人才的素质结构和能力结构提出了新的需求，迫切需要通过改革职教高考内容，不断提高职业教育的适应性。

第一节　基于李克特量表的职教高考内容现状分析

考试内容是根据社会需要对受试者设计的评估操作体系[58]，主要指组成每份试卷的试题及其对应的考核内容以及不同题型题量、知识分布、难度比例、能力类型及层次等结构特征，是根据考试目标和考试性质，针对考生的认知特点和能力水平，结合具体考试方式而确定的考核范围及要求，主要解决"考什么"的问题[59]。考试内容要符合高校人才选拔的需要和学生学科性倾向的特点，要贴近时代、社会、考生的实际，注重考查学生分析问题和解决问题的能力[60]。职业教育的类型属性决定了其选拔人才的目的和标准不同于普通教育，更重视职业能力的测试，因而，考试内容和考试形式相对于普通高考具有一定的特殊性。本节将以山东省高职院校和中职学校的调研数据为例，基于李克特量表，对职教高考内容改革现状进行分析。

一、研究设计

李克特量表是由美国社会心理学家李克特于1932年在原有的总加量表基础

上改进而成的，量表由一组陈述组成，每一个陈述有"非常同意""同意""无所谓""不同意""非常不同意"五种回答，分别对应的分数为5，4，3，2，1。每个被调查者的态度总分就是对各道题的回答所得分数的加总，用以表明被调查者对某一陈述的态度强弱或在这一量表上的不同状态。

本研究依据《教育部关于积极推进高等职业教育考试招生制度改革的指导意见》（教学〔2013〕3号）、《国务院关于深化考试招生制度改革的实施意见》（国发〔2014〕35号）、《教育部办公厅关于进一步完善高职院校分类考试工作的通知》（教学厅函〔2021〕36号）等文件要求，在与职教专家充分研讨的基础上，聚焦职教高考"文化素质+职业技能"考试内容和形式，从高职教师、中职教师、高职学生、中职学生等四个维度分别进行调查。

由于本研究政策性较强，因此，李克特量表采用6点计分法，增加"不了解"的选项，分别为：非常同意（5分）、同意（4分）、无所谓（3分）、不同意（2分）、非常不同意（1分）、不了解（0分）。从表4-1中的10个问题设计李克特量表，并形成调查问卷，由参与调研的人员根据实际情况填写。

表4-1 关于职教高考考试内容的李克特量表

序号	问题	非常同意	同意	无所谓	不同意	非常不同意	不了解
1	职教高考采用"文化素质+职业技能"的考试保证了职业教育选拔技术技能人才的公正性	5	4	3	2	1	0
2	职业技能考试成绩占比原则上不低于50%	5	4	3	2	1	0
3	公布的职教高考职业技能考试内容与职业岗位契合	5	4	3	2	1	0
4	职业技能考试的内容能反映学生（我）的实际水平	5	4	3	2	1	0
5	文化素质考试的科目设置为语文、英语、数学三门	5	4	3	2	1	0
6	文化素质考试的科目分数分别为语文（120分）、数学（120分）、英语（80分）	5	4	3	2	1	0
7	文化素质考试命题难度适中	5	4	3	2	1	0
8	使用中职学校学业水平考试成绩代替文化素质考试成绩（中职学生）	5	4	3	2	1	0
9	使用高中学业水平考试成绩代替文化素质考试成绩（普通高中学生）	5	4	3	2	1	0
10	"文化素质+职业技能"考试内容与学生（我）实际学习内容吻合	5	4	3	2	1	0

二、调研对象

本研究选取国家高水平高职学校、山东省高水平高职学校、山东省优质高职学校、普通高职学校、国家级重点技工院校、国家级重点中专学校、山东省高水平中职学校、山东省示范中职学校、普通中职学校等17所不同的高职院校和中职学校教师以及不同年级、不同专业的学生作为研究对象,深入进行实地考察、座谈,通过线上、线下结合的方式分发问卷,并进行现场答卷,确保了调查结果的真实性和可靠性。

三、调研数据分析

本次研究共发放问卷4220份,其中,高职教师问卷111份,中职教师问卷404份,高职学生问卷2240份,中职学生问卷1449份。去除16份无效问卷,回收有效问卷4204份,回收率达到99.61%。

(一)调研样本分析

本研究共涉及4204位调研者,其中,男性共2021人,女性共2183人,比例大体相当,满足统计学要求,见表4-2。

表4-2 调研人群统计学分析表

调研对象	性别				总计
	男性	占比	女性	占比	
高职教师	181	44.80%	223	55.20%	404
中职教师	52	46.85%	59	53.15%	111
高职学生	1023	45.67%	1217	54.33%	2240
中职学生	765	52.80%	684	47.20%	1449
总计	2021	48.07%	2183	51.93%	4204

(二)调研信度分析

本研究对回收数据计算克隆巴赫系数,用以测量调研的信度。克隆巴赫系数 α 的计算公式为:

$$\alpha = \frac{K}{K-1}\left(1 - \frac{\sum S_i^2}{S_x^2}\right)$$

式中:K 为调研题目数;S_i 表示所有被调研在第 i 题上的分数差异;S_x 表示所有被调研所得总分的方差。

通常，$\alpha \geq 0.9$，信度优秀；$0.7 \leq \alpha < 0.9$，信度好；$0.6 \leq \alpha < 0.7$，信度可接受；$0.5 \leq \alpha < 0.6$，信度弱；$\alpha < 0.5$，信度不可接受。

根据上面公式进行信度检验，量表的信度系数$\alpha=0.958>0.9$，调研数据信度高，从而能有效保证后续调研结果的分析准确有效。

四、调研结果分析

本次研究运用SPSS24.0软件对回收的4204份数据进行处理和分析，分别探究高职教师与学生、中职教师与学生对职教高考内容改革的认同度，不同调研主体对职教高考内容的态度平均分见表4-3。

表4-3 不同调研主体对职教高考内容的态度平均分

序号	问题	高职教师	中职教师	高职学生	中职学生
1	职教高考采用"文化素质+职业技能"的考试保证了职业教育选拔技术技能人才的公正性	4.50	4.38	3.71	4.48
2	职业技能考试成绩占比原则上不低于50%	4.23	4.16	3.60	4.35
3	公布的职教高考职业技能考试内容与职业岗位契合	4.15	4.18	3.62	4.39
4	职业技能考试的内容能反映学生（我）的实际水平	4.03	4.11	3.42	4.29
5	文化素质考试的科目设置为语文、英语、数学三门	3.77	4.02	3.41	4.24
6	文化素质考试的科目分数分别为语文（120分）、数学（120分）、英语（80分）	3.71	3.81	3.40	4.13
7	文化素质考试命题难度适中	4.10	4.05	3.54	4.23
8	使用中职学校学业水平考试成绩代替文化素质考试成绩（中职学生）	3.40	3.97	3.25	4.24
9	使用高中学业水平考试成绩代替文化素质考试成绩（普通高中学生）	3.72	3.77	3.34	4.06
10	"文化素质+职业技能"考试内容与学生（我）实际学习内容吻合	4.14	4.16	3.46	4.33
	合计	39.75	40.64	34.76	42.74

从数据分析看，不同的调研对象对职教高考内容的认可程度有所差异，个别问题态度差异性较大，总体来看，中职学生认可度较高，如图4-1所示。

对每个问题的具体得分进行分析发现，均值在3.9以上，最大值为4.5，最小值为3.4，认可度较高，如图4-2所示。

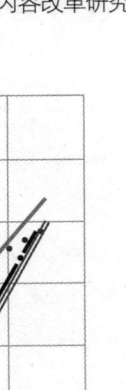

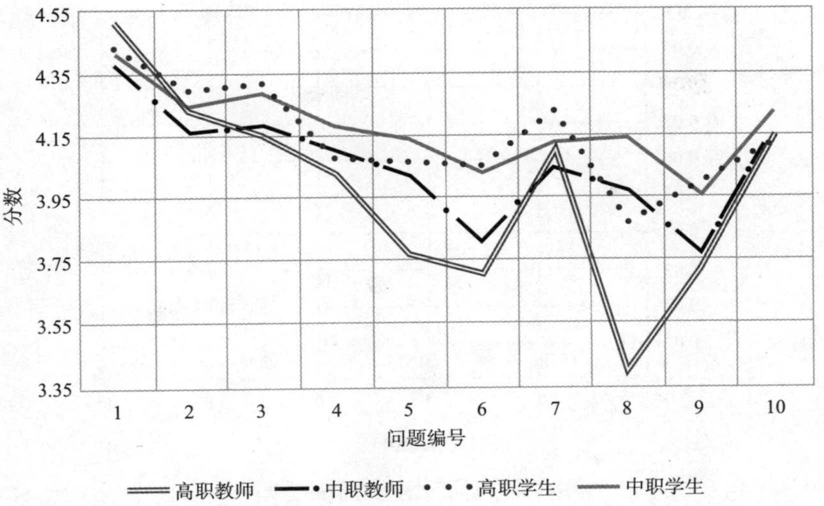

图4-1 不同的调研对象对不同问题的态度

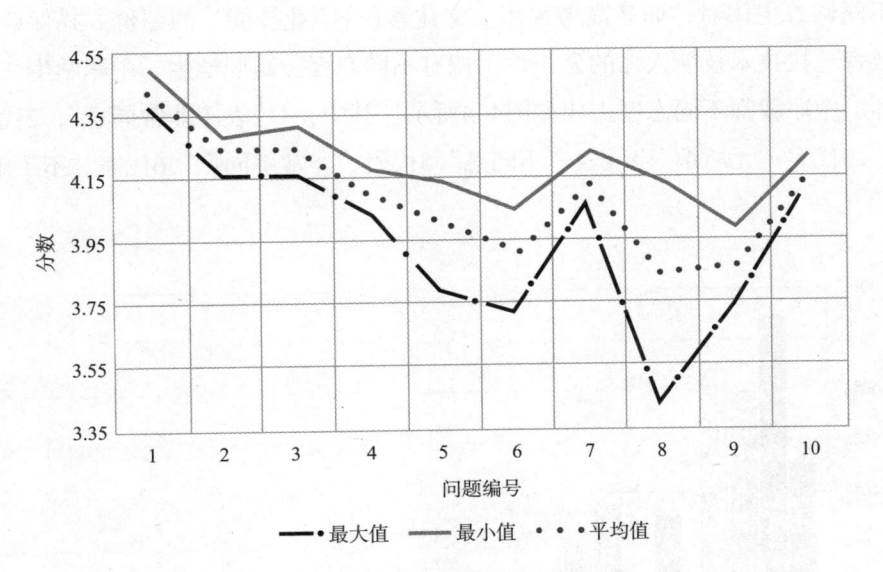

图4-2 不同问题态度值的统计分布

为分析每个问题的态度差异性，计算不同调研对象得分的方差，最大值为0.0999，最小值为0.0016，如图4-3所示。可见，不同调研对象对问题8（使用中职学校学业水平考试成绩代替文化素质考试成绩）的态度差异性较大。

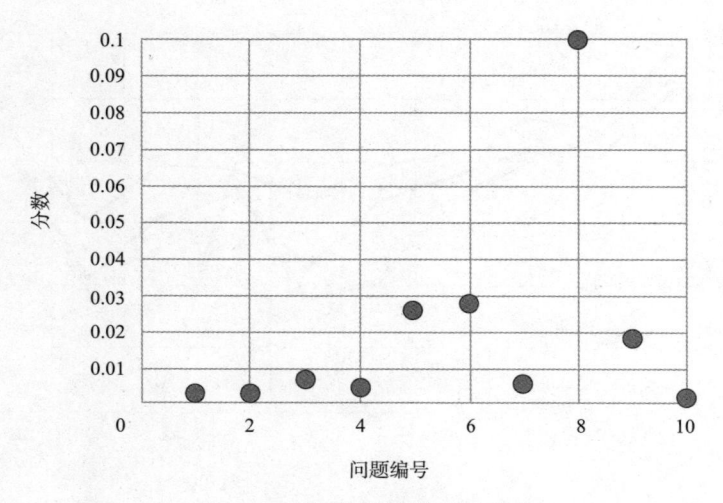

图4-3　不同问题态度值的方差

（一）对职教高考公平性的认同度差异分析

不同调查主体对"职教高考采用'文化素质+职业技能'的评价方式保证了职业教育选拔技术技能人才的公正性"持有不同态度。高职学生、中职学生、高职教师、中职教师不同态度占比如图4-4所示。其中，1代表"非常同意"，2代表"同意"，3代表"无所谓"，4代表"不同意"，5代表"非常不同意"，6代表"不了解"（下同）。

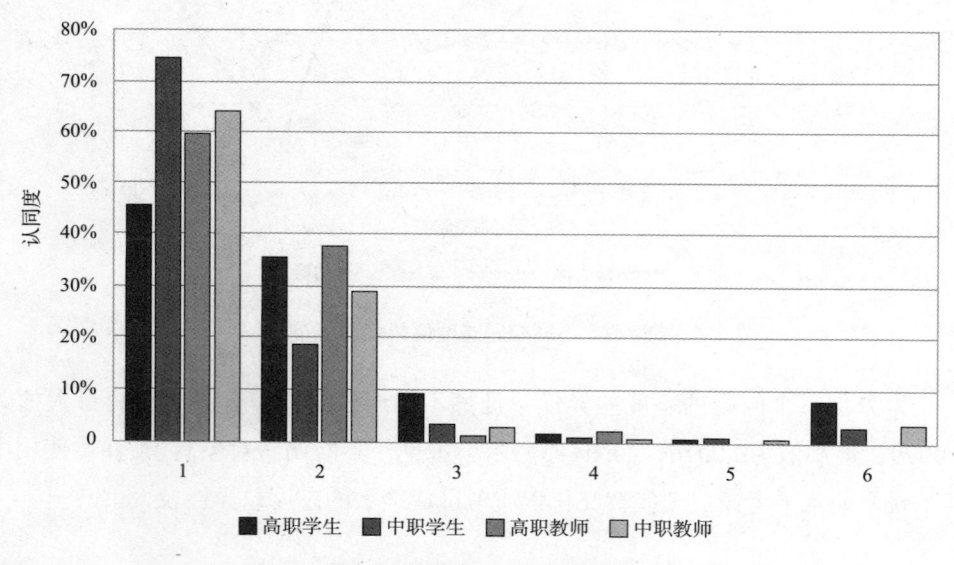

图4-4　对职教高考公平性的认同度差异分析

从图4-4可看出，45.54%的高职学生、74.47%的中职学生、59.46%的高职教师和64.11%的中职教师持"非常同意"的态度，在6种态度选择中占比最高，尤其是中职学生的认可度远远高于高职学生。同时，有35.45%的高职学生、18.56%的中职学生、37.84%的高职教师、29.21%的中职教师持"同意"的态度，在6种态度选择中居第二位。另有9.33%高职学生持"无所谓"态度，持"不同意"和"非常不同意"态度的占比相对很小。值得注意的是，7.86%的高职学生、2.62%的中职学生和3.22%的中职教师选择了"不了解"，说明职教高考的政策还有待于进一步加大宣传力度和推广力度。

（二）对职业技能考试成绩占比的认同度差异分析

高职学生、中职学生、高职教师、中职教师等不同调查主体对"职业技能考试成绩占比原则上应不低于50%"的态度占比分布如图4-5所示。

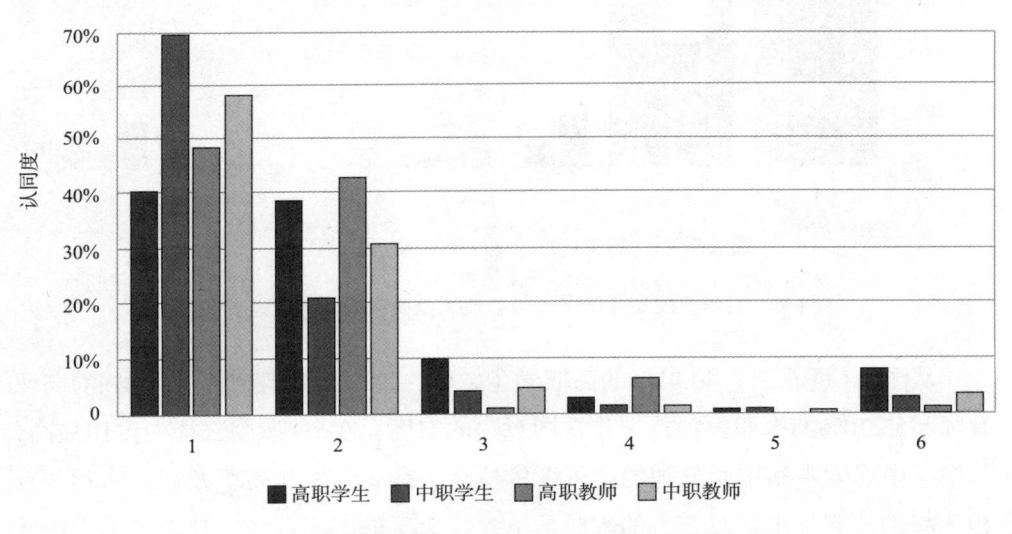

图4-5 对职业技能考试成绩占比的认同度差异分析

从图4-5可看出，40.54%的高职学生、69.70%的中职学生、48.65%的高职教师和58.42%的中职教师持"非常同意"的态度，在6种态度选择中占比最高，其中，中职学生和教师的认可度高于高职学生和高职教师。同时，有38.48%的高职学生、21.19%的中职学生、43.24%的高职教师、30.69%的中职教师持"同意"的态度，在6种态度选择中居第二位，与"非常同意"的占比差距不大。持"不同意"和"非常不同意"态度的占比相对很小。值得注意的是，9.69%的高职学生持"无所谓"态度，6.31%的高职教师持不同意态度，占比较大。7.81%的高职学生、2.97%的中职学生和4.70%的中职教师选择了"不了解"，说明对职业技能考试成绩占比的认同度存在一定差异性，需要进一步的研究和论证。

（三）对职业技能考试内容与职业岗位契合的认同度差异分析

高职学生、中职学生、高职教师、中职教师等不同调查主体对"公布的职教高考职业技能考试内容与职业岗位契合"的态度占比分布如图4-6所示。

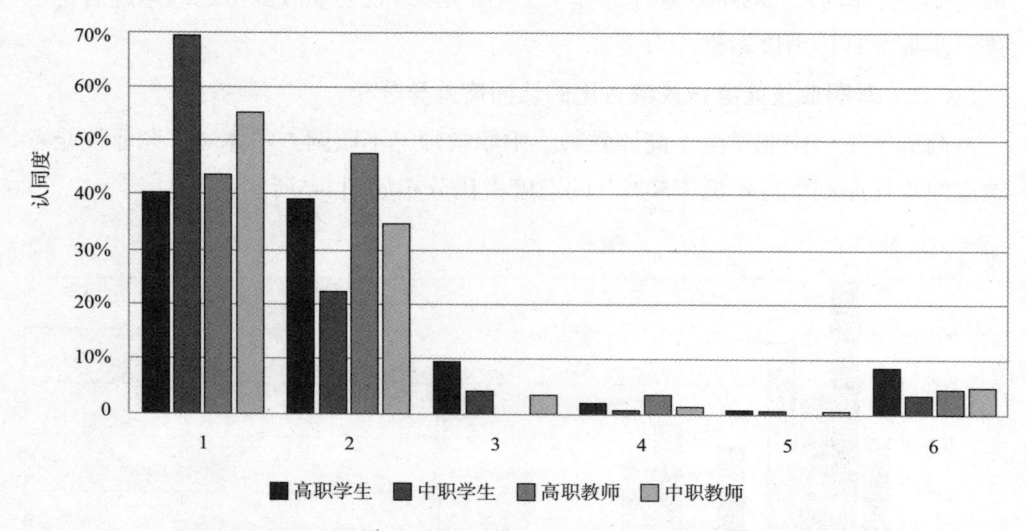

图4-6 对职业技能考试内容与职业岗位契合的认同度差异分析

从图4-6可看出，40.49%的高职学生、69.97%的中职学生、44.14%的高职教师和55.20%的中职教师持"非常同意"的态度，在6种态度选择中占比最高，其中，中职学生和中职教师的认可度依然高于高职学生和高职教师。同时，有39.33%的高职学生、22.57%的中职学生、47.75%的高职教师、35.15%的中职教师持"同意"的态度，在6种态度选择中居第二位，与"非常同意"的占比基本持平，其中，高职教师占比最高。持"不同意"和"非常不同意"态度的占比相对很小。值得注意的是，9.38%的高职学生持"无所谓"态度，占比较大，8.44%的高职学生、3.11%的中职学生、4.50%的高职教师和4.70%的中职教师选择了"不了解"，说明有相当比例的职业院校教师和学生不知道职业技能考试内容是否与职业岗位契合，需要在职业技能内容改革中增加开放性，并进一步深化校企合作，由企业全程参与到考试内容改革中。

（四）对职业技能考试的内容能反映学生实际水平的认同度差异分析

高职学生、中职学生、高职教师、中职教师等不同调查主体对"职业技能考试的内容能反映学生（我）的实际水平"的态度占比分布如图4-7所示。

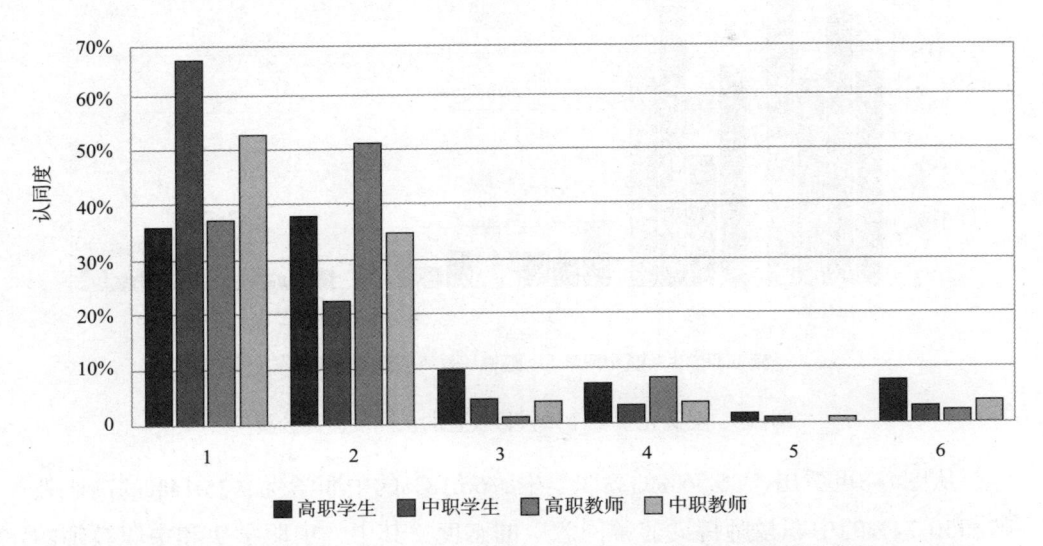

图4-7 对职业技能考试的内容反映学生实际水平的认同度差异分析

从图4-7可看出，36.03%的高职学生、66.94%的中职学生、37.84%的高职教师和53.22%的中职教师持"非常同意"的态度，其中，中职学生和中职教师的认可度最高。同时，有38.35%的高职学生、22.57%的中职学生、51.35%的高职教师、35.15%的中职教师持"同意"的态度，除中职学生外，与"非常同意"的占比基本持平，其中，高职教师的占比远远高于其他3类调研主体。持"非常不同意"态度的占比相对很小。值得注意的是，9.64%的高职学生持"无所谓"态度，另有7.05%的高职学生、2.97%的中职学生、8.11%的高职教师和3.47%的中职教师选择了"不同意"，7.54%的高职学生和3.71%的中职教师选择了"不了解"，占比较大，说明对职业技能考试的内容能否反映学生实际水平的认同度有较大差异，需要在职业技能考试内容改革中增强试题的科学性和可测性分析，使考试内容满足难度和区分度要求。

（五）对文化素质考试科目设置的认同度差异分析

高职学生、中职学生、高职教师、中职教师等不同调查主体对"文化素质考试的科目设置为语文、英语、数学三门"的态度占比分布如图4-8所示。

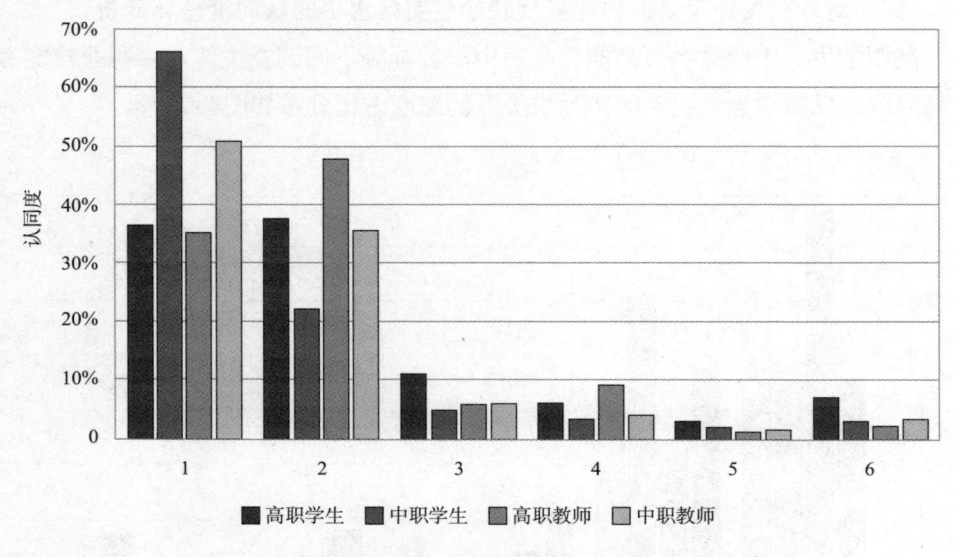

图4-8　对文化素质考试科目设置的认同度差异分析

从图4-8可看出，36.56%的高职学生、66.18%的中职学生、35.14%的高职教师和50.74%的中职教师持"非常同意"的态度，其中，中职学生和中职教师的认可度均超过50%。同时，有37.50%的高职学生、22.15%的中职学生、47.75%的高职教师、35.64%的中职教师持"同意"的态度，高职教师的占比高于其他3类调研主体。10.85%的高职学生、4.55%的中职学生、5.41%的高职教师和5.69%的中职教师持"无所谓"态度，持"非常不同意"态度的占比相对很小。另有5.71%的高职学生、2.90%的中职学生、9.01%的高职教师和3.71%的中职教师选择了"不同意"，6.79%的高职学生和2.97%的中职教师选择了"不了解"，说明学生虽然对文化素质考试科目设置赞同的比例较高，但是，在一定程度上存在不关心现象，同时，文化素质考试的科目设置为语文、英语、数学三门还存在一定比例的不同意现象，需要在职教高考的考试科目改革上进行更为深入的调研和分析。

（六）对文化素质考试科目分数设置的认同度差异分析

高职学生、中职学生、高职教师、中职教师等不同调查主体对"文化素质考试的科目分数分别为语文（120分）、数学（120分）、英语（80分）"的态度占比分布如图4-9所示。

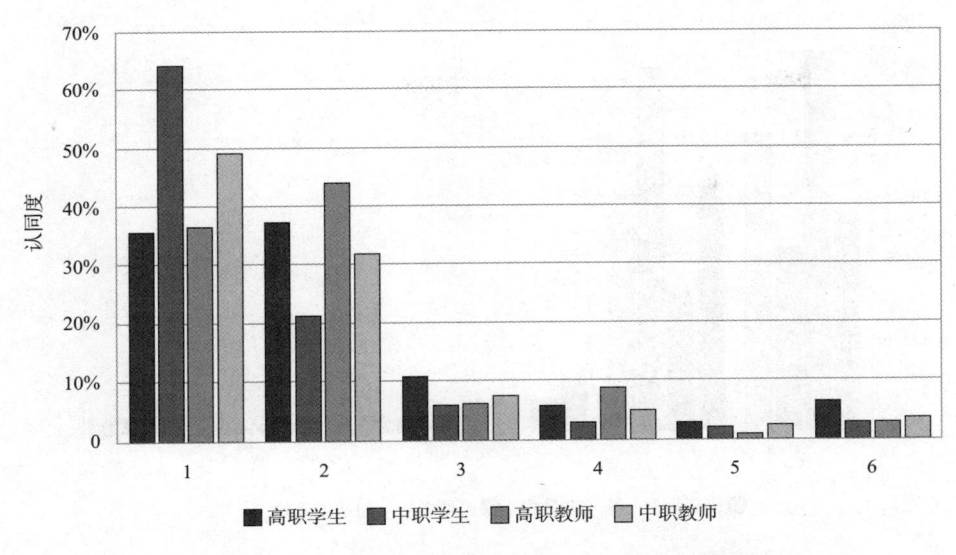

图4-9　对文化素质考试科目分数设置的认同度差异分析

从图4-9可看出，35.98%的高职学生、64.25%的中职学生、36.94%的高职教师和49.26%的中职教师持"非常同意"的态度，其中，高职学生和高职教师的认可度持平。同时，有37.81%的高职学生、21.67%的中职学生、44.14%的高职教师、31.93%的中职教师持"同意"的态度，高职学生和高职教师的认可度高于中职学生和中职教师。10.98%的高职学生、6.07%的中职学生、6.31%的高职教师和7.67%的中职教师认为"无所谓"，另有5.85%的高职学生、2.97%的中职学生、9.01%的高职教师和4.95%的中职教师选择了"不同意"。值得注意的是，2.72%的高职学生、2.14%的中职学生、0.90%的高职教师、2.48%的中职教师选择了"非常不同意"，6.65%的高职学生、2.90%的中职学生、2.70%的高职教师和3.71%的中职教师选择了"不了解"，相对其他几个问题，占比较大。说明无论是教师还是学生，对文化素质考试的科目分数分配存在不同意见，应该在考试内容改革中引起足够的重视。

（七）对文化素质考试命题难度的认同度差异分析

高职学生、中职学生、高职教师、中职教师等不同调查主体对"文化素质考试命题难度适中"的态度占比分布如图4-10所示。

从图4-10可看出，36.07%的高职学生、64.87%的中职学生、31.53%的高职教师和50.74%的中职教师持"非常同意"的态度，其中，中职学生和中职教师的认可度依然保持最高。同时，有42.32%的高职学生、23.81%的中职学生、62.16%

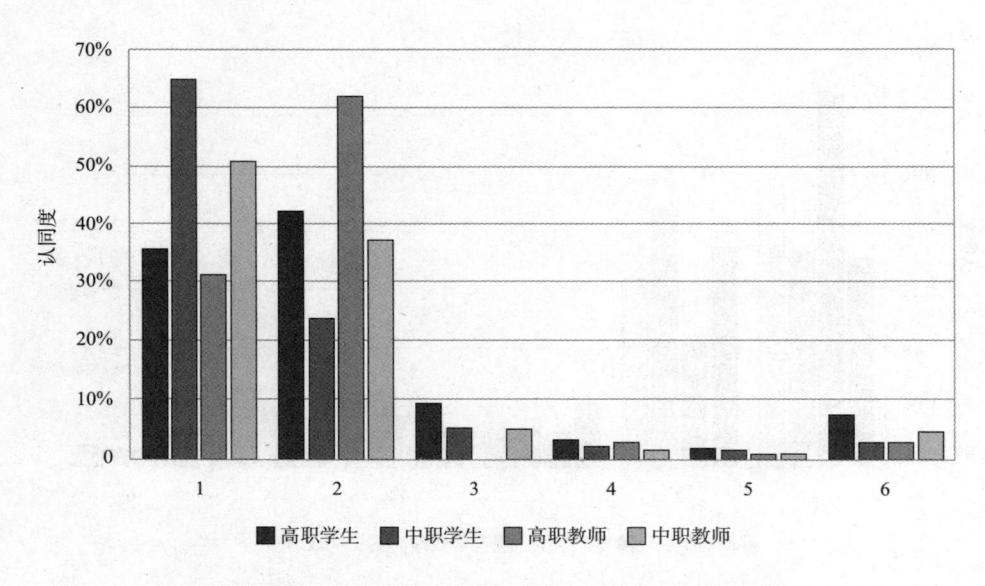

图4-10 对文化素质考试命题难度的认同度差异分析

的高职教师、37.38%的中职教师持"同意"的态度，高职教师认可度最高。"非常不同意"态度的占比相对很小。值得注意的是，2.99%的高职学生和2.70%的高职教师持"不同意"态度，9.42%的高职学生持"无所谓"态度，7.46%的高职学生选择了"不了解"。说明教师和学生对文化素质考试命题难度基本认可，但是，高职院校的教师和学生对文化素质考试难度持有一定否定意见，需要在内容改革中加强对高职院校调查研究，深入挖掘存在的问题。

（八）对使用中职学校学业水平考试成绩代替文化素质考试成绩的认同度差异分析

高职学生、中职学生、高职教师、中职教师等不同调查主体对"使用中职学校学业水平考试成绩代替文化素质考试成绩"的态度占比分布如图4-11所示。

从图4-11可看出，34.96%的高职学生、66.87%的中职学生、29.73%的高职教师和51.24%的中职教师持"非常同意"的态度，其中，中职师生的认可度明显高于高职师生。同时，有35.22%的高职学生、21.60%的中职学生、41.44%的高职教师、33.66%的中职教师持"同意"的态度，与"非常同意"的占比基本持平，其中，中职学生的占比最低。持"非常不同意"态度的占比相对很小。12.10%的高职学生、4.97%的中职学生、2.70%的高职教师、4.46%的中职学生持"无所谓"态度，另有6.79%的高职学生、2.69%的中职学生、21.62%的高职教师和5.69%的

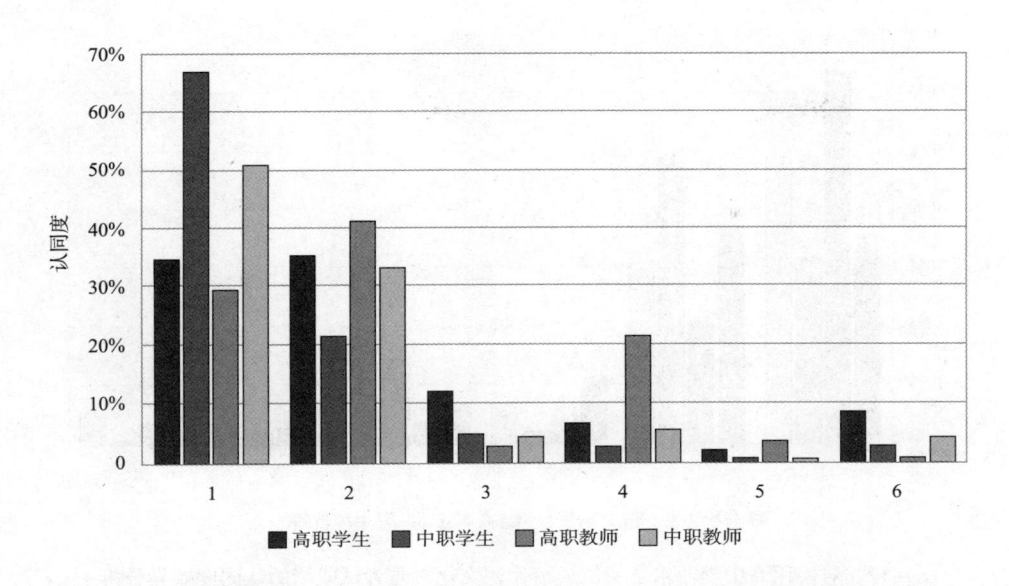

图4-11 对使用中职学校学业水平考试成绩代替文化素质考试成绩的认同度差异分析

中职教师选择了"不同意",2.10%的高职学生和3.60%高职教师选择了"非常不同意",另有8.84%的高职学生选择了"不了解"。说明高职师生尤其是高职教师对使用中职学校学业水平考试成绩代替文化素质考试成绩认同度较低,需要在职教高考内容改革的过程中引起高度重视,确保职教高考的公平性和权威性。

(九)对使用高中学业水平考试成绩代替文化素质考试成绩的认同度差异分析

高职学生、中职学生、高职教师、中职教师等不同调查主体对"使用高中学业水平考试成绩代替文化素质考试成绩"的态度占比分布如图4-12所示。

从图4-12可看出,35.80%的高职学生、63.42%的中职学生、31.53%的高职教师和49.01%的中职教师持"非常同意"的态度。有36.74%的高职学生、20.70%的中职学生、49.55%的高职教师、31.19%的中职教师持"同意"的态度,其中,高职教师的认同度最高。持"非常不同意"态度的占比相对很小。值得注意的是,11.25%的高职学生、6.07%的中职学生和6.93%中职教师持"无所谓"的态度,占有一定比例。另有6.61%的高职学生、3.66%的中职学生、14.41%的高职教师和5.94%的中职教师选择了"不同意",7.72%的高职学生和5.42%的中职教师选择了"不了解"。说明职业院校师生对使用高中学业水平考试成绩代替文化素质考试成绩持有一定的否定态度,急需在更加广泛调研论证的基础上,优化考试科目和形式。

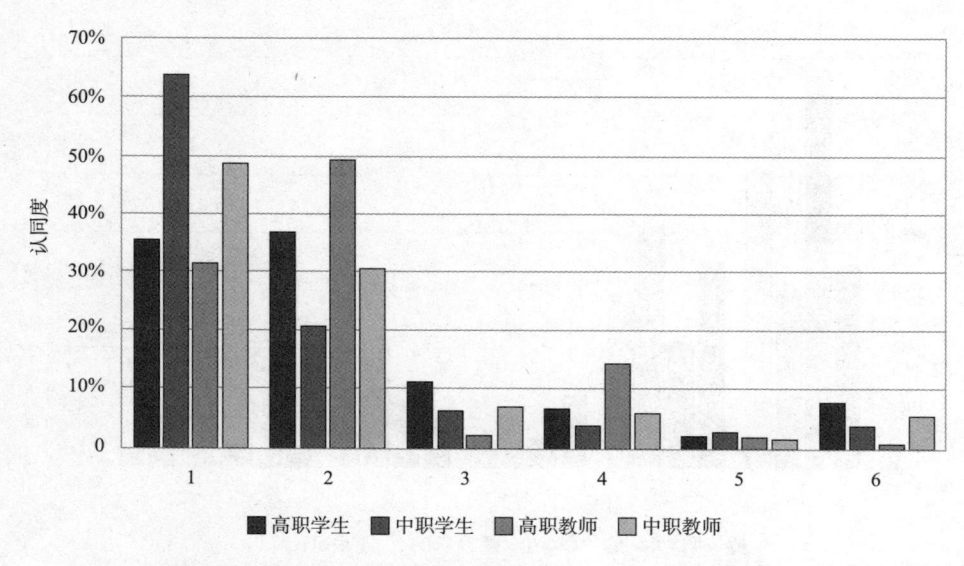

图4-12 对使用高中学业水平考试成绩代替文化素质考试成绩的认同度差异分析

（十）对职教高考内容与学生实际学习内容吻合的认同度差异分析

高职学生、中职学生、高职教师、中职教师等不同调查主体对"'文化素质+职业技能'考试内容与学生（我）实际学习内容吻合"的态度占比分布如图4-13所示。

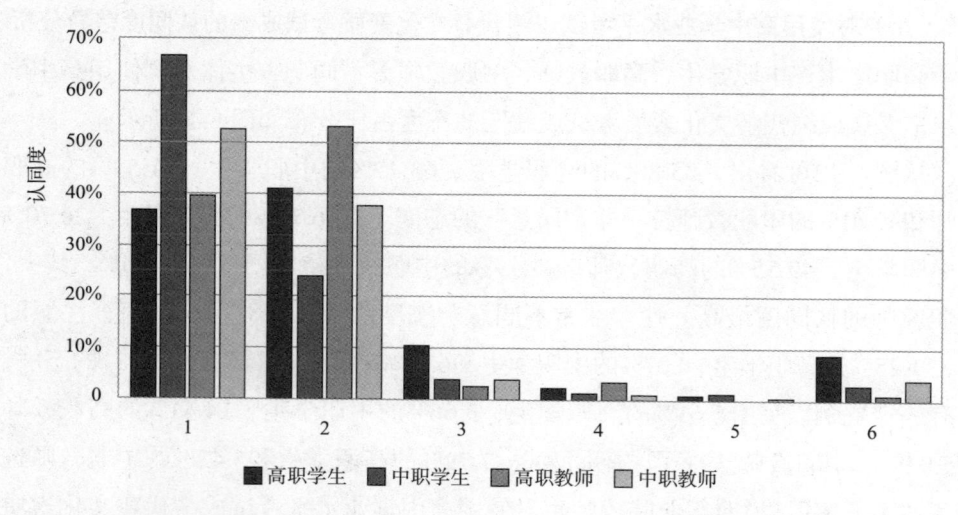

图4-13 对职教高考内容与学生（我）实际学习内容吻合的认同度差异分析

从图4-13可看出，36.47%的高职学生、66.74%的中职学生、39.64%的高职教师和52.72%的中职教师持"非常同意"的态度。同时，有40.98%的高职学生、24.09%的中职学生、53.15%的高职教师、37.87%的中职教师持"同意"的态度，除中职学生外，与"非常同意"的占比基本持平。"非常不同意"态度的占比相对很小。值得注意的是，2.54%的高职学生和3.60%的高职教师持"不同意"态度，10.18%的高职学生持"无所谓"态度，8.79%的高职学生、2.83%的中职学生、3.96%的中职教师选择了"不了解"，占有一定比例。说明职业院校师生对职教高考内容与学生实际学习内容吻合的认可度较高，但是，调研数据也显示，高职院校师生在一定程度上认为考试内容和学习内容的吻合度不高，因此，在职教高考内容改革时要格外留意考和学的关系，做好考学一体化。

第二节　职教高考内容改革影响因素研究

为了明确高考各科目考试内容，提高考试的公平性和公信度，在借鉴国外先进考试经验的基础上，国家组织专家基于教育测量学理论，系统地对高考内容与形式进行了深入研究。"职教高考"是2019年新提出来的概念，对考试目标、考试范围、考试形式、试卷结构等的规律性还在研究和探索过程中。本节将基于量化SWOT模型，分析影响职教高考的因素。

一、职教高考内容改革的原则

职教高考作为与普通高考同等地位的高考制度，在进行考试内容改革时，应以教育测量理论为指导，遵循以下原则，以确保职教高考的公平性和权威性。

（一）目标性原则

职教高考是技术技能人才选拔的重要渠道。职教高考内容改革首先要坚持目标性原则，解决好为谁选拔人、选拔什么人的问题。职业教育是面向市场的就业教育，是面向能力的实践教育，是面向社会的跨界教育，是面向人人的终身教育[61]，因此，职教高考内容改革要能适应经济社会发展和产业转型升级；能注重学生职业能力的考核；能融入新标准、新规范、新技术、新工艺；能满足职业院校特色发展和专业人才培养需求；能适应不同对象认知特点，为学生的多样化选择、多路径成才搭建成长渠道，最终达到服务发展、促进就业，"使无业者有业、使有业者乐业"的目的。

（二）科学性原则

职教高考内容改革的核心是完善"文化素质+职业技能"考试内容。但由于职教高考的生源包括中等职业学校学生、普通高中学生以及退役军人、下岗职工、农民工等群体，考生的文化素质基础不平衡现象严重。同时，职业技能测试专业分类多，组织考试的学校多，使考试内容改革面临挑战。因此，职教高考内容改革必须遵循高职教育规律和技术技能人才成长规律，以教育测量理论为指导，以达到考试目标为前提，使考试内容的信度、效度、难度、区分度在允许范围之内，确保职教高考的公信力。

（三）创新性原则

随着科学技术的飞速发展，创新意识和创新能力越来越成为一个国家国际竞争力和国际地位的重要决定因素。习近平总书记指出，创新是社会进步的灵魂，创业是推动经济社会发展、改善民生的重要途径，青年学生富有想象力和创造力，是创新创业的有生力量。受传统科举教育的影响，我国目前的高考内容开放性、创新性和灵活性不够。因此，职教高考内容改革要注重共性与个性结合，增加考试内容的开放性，体现创新性，为考生展现个性品质和创新意识提供舞台，鼓励考生提出有独特见解、有思想水平、有创新精神的答案。

（四）实践性原则

实践性强是职业教育区别于其他类型教育的显著特征，与产业发展紧密契合的专业设置与发展机制、真实的职业工作情境、基于工作过程的课程设计、企业参与的评价机制等都是职业教育提高人才培养质量、增强适应性的关键因素。而作为职业教育入口的职教高考，在内容改革上也要坚持实践性原则，除了确保职业技能考试分数占比不低于50%外，内容还要紧贴岗位需求，能充分体现岗位所需的技能和通用技术，采用以操作考试为主的多样化的考试形式，让学生在实践中增长才智、提升技能。

二、职教高考内容改革影响因素分析

（一）SWOT矩阵分析法的界定

SWOT矩阵分析法是哈佛商学院的K.J.安德鲁斯于1971年首次提出的。是一种多用于企业内部的分析方法，即根据企业自身的既定内在条件进行分析，找出企业的优势、劣势及核心竞争力所在[62]，从而将公司的战略与公司内部资源、外部环境有机结合。SWOT为strength（优势）、weakness（劣势）、opportunity（机遇）、threat（威胁）四个单词首字母的缩写。其中S（优势）、W（劣势）组成内部环境，O（机遇）、T（威胁）组成外部环境[63]。

职教高考内容改革受国家制度与政策、经济社会发展与产业转型升级需要、生源结构多元化等诸多外部因素和学校特色发展需要等内部因素影响。SWOT分析法就是在全面分析并把握职教高考优势和劣势的基础上，分析影响内容改革的因素，为制定适合职业教育高质量发展的职教高考内容改革策略奠定基础，以充分发挥优势，克服不足，利用好外部机遇，化解威胁。

（二）职教高考内容改革影响因素分析

影响职教高考内容改革的因素分为内部因素和外部因素。在本研究中，内部因素界定为职业院校内部影响职教高考改革的诸多因素，包括优势和劣势；外部因素界定为职业院校外部影响职教高考内容改革的诸多因素，主要包括机遇和威胁两部分。

1. 优势

优势是指职教高考内容改革的优势方面，可能具备的内部优势主要有以下几个方面：

（1）拟招生人才培养目标清晰；

（2）拟招生专业设置与产业发展契合；

（3）拟招生专业教学条件优越，满足人才培养需求；

（4）拟招生专业教师团队水平高，教学能力强；

（5）拟招生专业校企合作具有较好的深度与广度；

（6）其他优势。

2. 劣势

劣势主要指对职教高考内容改革不利的因素，或指某些会使职教高考内容改革处于劣势的条件。可能导致内部弱势的因素有：

（1）拟招生专业学校师资配备、实训设备缺少或不足；

（2）拟招生专业人才培养目标和定位不清晰，不能满足用人单位和学生需求；

（3）拟招生专业校企协同育人效果不明显；

（4）拟招生专业规模小，毕业生较少；

（5）其他劣势。

3. 机遇

机遇是影响职教高考改革的重大因素。应当确认每一个机遇，评价每一个机遇的成长，使职教高考内容改革优势最大化。主要从以下方面考虑：

（1）国家政策支持力度大带来的机遇；

（2）地方经济社会发展和产业转型升级为职教高考内容改革提供了新的契机；

（3）产教融合、校企合作不断深化带来的机遇；

（4）人民群众对接受高质量教育需求带来的机遇；

（5）其他机遇。

4. 威胁

威胁是指在职业院校的外部因素中，总是存在着对职教高考内容改革构成威胁的因素，威胁分析须考虑内容改革的全过程。主要从以下方面考虑：

（1）生源结构多元化要求考试内容满足各类学生的需求；

（2）职教高考涉及专业多，考试内容复杂；

（3）职业技能测试对实践教学条件提出了较高的要求；

（4）拟招生专业缺少外部经费支持；

（5）其他威胁。

（三）建立SWOT量化模型

根据上述对内部因素和外部因素的分析，构成SWOT量化模型，见表4-4。

表4-4 SWOT量化模型

内部因素	
优势	劣势
（1）拟招生专业人才培养目标是否清晰 （2）拟招生专业设置与产业发展是否契合 （3）拟招生专业教学条件是否满足人才培养需求 （4）拟招生专业教师团队水平是否优秀 （5）拟招生专业校企合作是否良好 （6）其他	（1）拟招生专业学校师资配备如何 （2）拟招生专业实训条件如何 （3）拟招生能否满足用人单位和学生需求 （4）拟招生专业校企协同育人效果是否明显 （5）拟招生专业规模如何 （6）其他
外部因素	
机遇	威胁
（1）国家政策对考试内容改革的支持力度 （2）产业转型升级与考试内容改革的契合度 （3）合作企业参与考试内容改革全过程的程度 （4）人民群众对接受高质量职业教育的满意度 （5）其他	（1）考试内容能否满足各类学生需求 （2）各专业考试内容的复杂度 （3）行业企业对专业人才需求 （4）拟招生专业外部经费支持是否充分 （5）其他

三、SWOT量化模型分析

（一）构建子因素—损益—概率关系表

根据风险评估的思想，构建子因素—损益—概率关系表量化测评某一因素带来的影响或损失的可能程度。

将影响职教高考内容改革的因素用X_i表示，其中，$i=1$，2，3，4分别代表优势、劣势、机遇和威胁四个因素。X_{ij}表示第i个因素中的第j个子元素，$j=k$，l，m，n分别为优势、劣势、机遇和威胁四个因素中子因素的个数。

用P_f表示损益值，取值为$-10\sim10$的整数，用来说明子环境因素X_{ij}对职教高考内容改革的影响程度。正数表示对职教高考内容改革有积极影响，数值越大，作用越强烈；0表示没影响；负数表示有消极影响，绝对值越大，负作用越强烈。

用P_b表示概率值，即子环境因素X_{ij}在实际情况中发生的概率，取值为$0\sim100\%$的百分数，数值越大，表示发生的概率越大。0表示不可能发生，100%表示肯定发生。

根据上述假设，可以得到子元素—损益—概率之间的关系见表4-5。

表4-5　子元素—损益—概率关系表

元素X_i	子元素X_{ij}	损益P_f	概率P_b
优势X_1	X_{11}	P_{f11}	P_{b11}
	…	…	…
	X_{1k}	P_{f1k}	P_{b1k}
劣势X_2	X_{21}	P_{f21}	P_{b21}
	…	…	…
	X_{2l}	P_{f2l}	P_{b2l}
机遇X_3	X_{31}	P_{f31}	P_{b31}
	…	…	…
	X_{3m}	P_{f3m}	P_{b3m}
威胁X_4	X_{41}	P_{f41}	P_{b41}
	…	…	…
	X_{4n}	P_{f4n}	P_{b4n}

（二）完成专家调研

为保证数据的科学性和合理性，请30名专家参与调研，专家包括职业教育专家、行业企业专家、参与职教高考的教师等。调研采用打分法，将设计好的子元素—损益—概率表下发给每位专家，由专家对表格中的每一项因素进行P_f损益值和P_b概率值赋分。其中，P_f取值为–10～10的整数。正数表示对职教高考内容改革有积极影响，数值越大，作用越强烈；0表示没影响；负数表示对职教高考内容改革有消极影响，绝对值越大，负作用越强烈。P_b取值为0～100%的百分数，数值越大，表示发生的概率越大。0表示不可能发生，100%表示肯定发生。

（三）计算子因素权值矩阵PN

子因素权值PN表示该因素的重要性，其矩阵表达式为：

$$PN=\begin{bmatrix}PN_1\\PN_2\\PN_3\\PN_4\end{bmatrix}$$

其中，

$$PN_1=\begin{bmatrix}PN_{11}\\PN_{12}\\\vdots\\PN_{1k}\end{bmatrix},\ PN_2=\begin{bmatrix}PN_{21}\\PN_{22}\\\vdots\\PN_{2l}\end{bmatrix},\ PN_3=\begin{bmatrix}PN_{31}\\PN_{32}\\\vdots\\PN_{3m}\end{bmatrix},\ PN_4=\begin{bmatrix}PN_{41}\\PN_{42}\\\vdots\\PN_{4n}\end{bmatrix}$$

矩阵中的PN_{ij}表示为：

$$PN_{ij}=P_{fij}\times P_{bij}$$

式中，P_{fij}和P_{bij}的值是专家为每个子因素的打分结果。

为便于分析，将权值矩阵PN的每一个元素按列进行归一化，得到归一化矩阵PN^*，并将所得结果按照绝对值的大小，在各自因素范围内分别排序。归一化公式表示为：

$$PN^*_{ij}=\frac{PN_{ij}}{PN_{max}}$$

此时，得到的PN^*值在［–1，1］之间，并依照PN^*值由大到小排列。

（四）绘制矩阵图谱

根据计算得到的PN^*值绘制矩阵图谱。图谱分为四个象限，分别为S象限、O象限、W象限和T象限，代表优势、机遇、劣势和威胁。矩阵图谱由上下两部分组成，上半部分是S象限和O象限，PN^*值为正，对职教高考内容改革有积极促进作用；下半部分是W象限和T象限，PN^*值为负，对职教高考内容改革有消极作用，如图4-14所示。

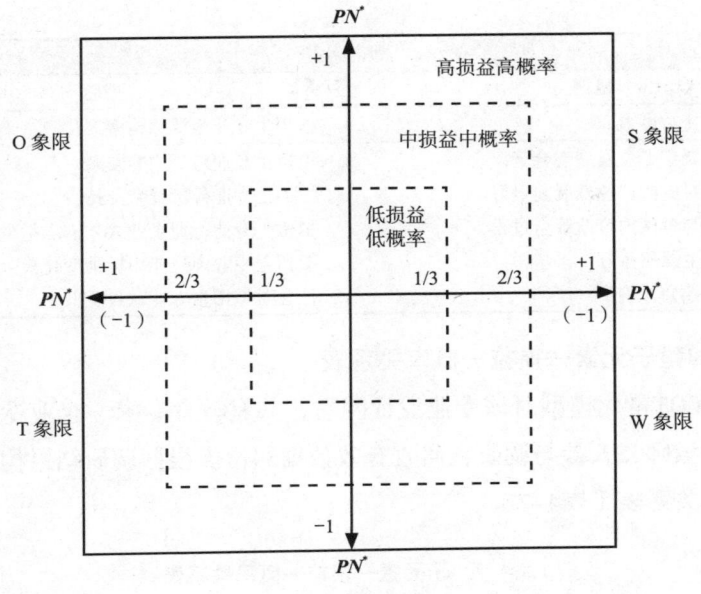

```
                          PN*
                           │
                      +1   │
                           │        高损益高概率
        ┌──────────────────┼──────────────────┐
        │                  │                  │
  O象限  │     中损益中概率  │            S象限 │
        │     ┌────────────┼────────────┐     │
        │     │            │            │     │
        │     │    低损益  │            │     │
        │     │    低概率  │            │     │
  +1   2/3   1/3           1/3         2/3   +1
◄───────┼─────┼─────┼──────┼──────┼─────┼─────┼──►PN*
PN*     │     │     │      │      │     │     │
 (-1)   │     │     │      │      │     │    (-1)
        │     │     │      │      │     │     │
        │     └─────┴──────┼──────┴─────┘     │
        │                  │                  │
  T象限 │                  │            W象限 │
        │                  │                  │
        └──────────────────┼──────────────────┘
                      -1   │
                           │
                          PN*
```

图 4-14 PN^* 矩阵图谱

四、SWOT量化模型应用案例

为加强研究的针对性，本研究以山东省某高职院校的省级高水平专业职业技能考试内容改革为例。该专业从2013年开始实施春季高考，共有6届892名学生。

基于SWOT量化模型的考试内容改革影响因素分析见表4-6。内部因素共14个，其中，优势7个，劣势7个；外部因素共12个，其中，机遇6个，威胁6个。

表4-6 SWOT量化模型

内部因素	
优势	劣势
拟招生专业人才培养目标清晰	拟招生专业学校师资力量薄弱
拟招生专业与产业发展契合	拟招生专业实训条件差
拟招生专业教学条件优越	拟招生专业校企协同育人效果差
拟招生专业负责人水平高	拟招生专业规模小
拟招生专业教师团队能力强	拟招生专业毕业生无法满足用人单位需求
拟招生专业开展深入校企合作	拟招生专业教学资源缺乏
拟招生专业课程体系完善	拟招生专业学校经费保障不足

续表

外部因素	
机遇	威胁
国家政策支持力度大	拟招生专业生源结构多元化
区域经济发展与专业发展吻合	拟招生专业考试内容复杂
拟招生专业对应的产业发展前景好	拟招生专业外部经费支持少
合作企业参与考试内容改革全过程	拟招生专业行业企业人才需求量少
拟招生专业生源质量好	拟招生专业岗位能力标准变化快
拟招生专业社会评价高	社会对拟招生专业认可度低

（一）构建子元素—损益—概率关系表

根据SWOT量化模型对该专业设计问卷，共有教育专家、企业专家、专业负责人、专业教师35人参与调研，回收有效数据34份。根据调研结果构建子元素—损益—概率关系表（表4-7）。

表4-7 子元素—损益—概率关系表

元素 X_i	子元素 X_{ij}	损益 P_f	概率 P_b	元素 X_i	子元素 X_{ij}	损益 P_f	概率 P_b
优势 X_1	拟招生专业人才培养目标清晰	10	62%	劣势 X_2	拟招生专业学校师资力量弱	-8.11	92%
	拟招生专业与产业发展契合	8.12	81%		拟招生专业实训条件差	-7.23	73%
	拟招生专业教学条件优越	9.07	73%		拟招生专业校企协同育人效果差	-7.15	48%
	拟招生专业负责人水平高	6.36	71%		拟招生专业规模小	-5.32	32%
	拟招生专业教师团队能力强	6.98	62%		拟招生专业毕业生无法满足用人单位需求	-2.98	29%
	拟招生专业开展深入校企合作	5.21	59%		拟招生专业教学资源缺乏	-4.96	61%
	拟招生专业课程体系完善	4.51	89%		拟招生专业学校经费保障不足	-7.08	50%
机遇 X_3	国家政策支持力度大	9.92	93%	威胁 X_4	拟招生专业生源结构多元化	-3.17	82%
	区域经济发展与专业发展吻合	9.31	71%		拟招生专业考试内容复杂	-4.05	21%
	拟招生专业对应的产业发展前景好	9.98	69%		拟招生专业外部经费支持少	-7.26	62%
	合作企业参与考试内容改革全过程	6.08	31%		拟招生专业行业企业人才需求量少	-2.08	22%
	拟招生专业生源质量好	8.27	29%		拟招生专业岗位能力标准变化快	-1.95	49%
	拟招生专业社会评价高	9.15	32%		社会对拟招生专业认可度低	-6.19	58%

（二）计算得到归一化权值矩阵

由子元素—损益—概率关系表计算得到归一化权值矩阵 PN^*（表4-8）。

表4-8　归一化权值矩阵表

优势X_1		劣势X_2		机遇X_3		威胁X_4	
子元素X_{ij}	PN^*	子元素X_{ij}	PN^*	子元素X_{ij}	PN^*	子元素X_{ij}	PN^*
拟招生专业人才培养目标清晰	0.67	拟招生专业学校师资力量弱	−0.80	国家政策支持力度大	1.00	拟招生专业生源结构多元化	−0.27
拟招生专业与产业发展契合	0.73	拟招生专业实训条件差	−0.55	区域经济发展与专业发展吻合	0.72	拟招生专业考试内容复杂	−0.09
拟招生专业教学条件优越	0.72	拟招生专业校企协同育人效果差	−0.36	拟招生专业对应的产业发展前景好	0.75	拟招生专业外部经费支持少	−0.47
拟招生专业负责人水平高	0.49	拟招生专业规模小	−0.17	合作企业参与考试内容改革全过程	0.20	拟招生专业行业企业人才需求量少	−0.05
拟招生专业教师团队能力强	0.47	拟招生专业毕业生无法满足用人单位需求	−0.09	拟招生专业生源质量好	0.26	拟招生专业岗位能力标准变化快	−0.11
拟招生专业开展深入校企合作	0.33	拟招生专业教学资源缺乏	−0.33	拟招生专业社会评价高	0.32	社会对拟招生专业认可度低	−0.38
拟招生专业课程体系完善	0.44	拟招生专业学校经费保障不足	−0.38				

（三）绘制矩形图谱

根据归一化权值矩阵 PN^*，画出该专业影响职业技能考试内容改革的影响因素矩形图谱，如图4-15所示。

（四）分析矩阵图谱

通过观察图4-15的矩形图谱，可以得出以下结论：

（1）S象限的7个子元素中，有"拟招生专业与产业发展契合""专业人才培养目标清晰""拟招生专业教学条件优越"3个子元素位于高损益高概率区。表明这3个因素对考试内容改革产生的正面影响大；"拟招生专业负责人水平高""拟招生专业教师团队能力强""拟招生专业课程体系完善""拟招生专业开展深入校企合作"4个子元素均位于中损益中概率区，表明这4个子元素对考试内容改革产生一定的正面影响，有积极的促进作用。

（2）O象限的6个子元素中，有"国家政策支持力度大""拟招生专业对应的产业发展前景好""区域经济发展与专业发展吻合"3个子元素位于高损益高概率区，其中，"国家政策支持力度大"的归一化值为1，表明这3个子元素对考试内

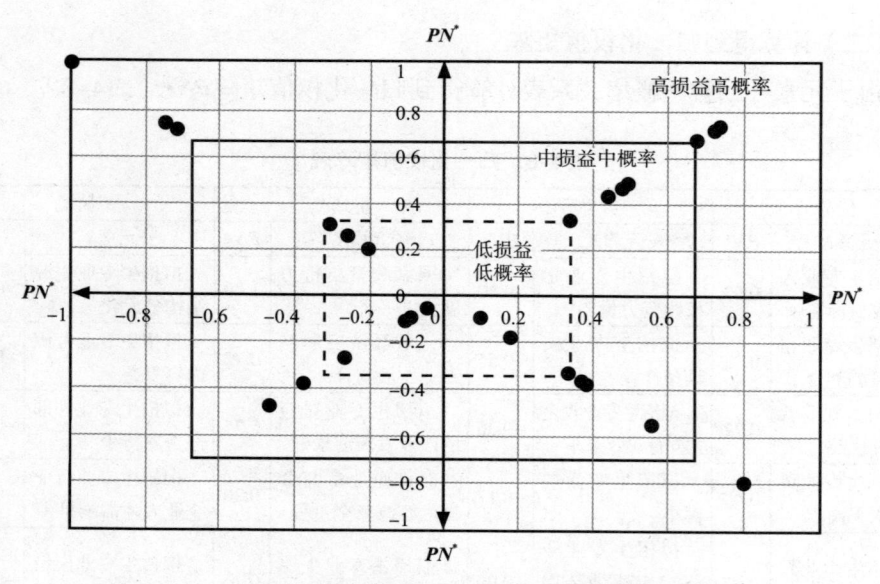

图4-15 职业技能考试内容改革的影响因素矩形图谱

容改革带来较大的外部机遇，尤其是国家的政策支持在很大程度上为考试内容改革带来有利影响；"拟招生专业社会评价高""拟招生专业生源质量好""合作企业参与考试内容改革全过程"3个子元素位于低损益低概率区，表明这3个子元素对考试内容改革影响较小。

（3）W象限的7个子元素中，只有"拟招生专业学校师资力量弱"1个子元素位于高损益高概率区，表明该元素对考试内容改革产生较大的负作用，要引起充分重视；"拟招生专业学校经费保障不足""拟招生专业实训条件差""拟招生专业校企协同育人效果差""拟招生专业教学资源缺乏"4个子元素位于中损益中概率区，表明这4个子元素对考试内容改革产生一定的负面影响，也要引起注意；"拟招生专业规模小""拟招生专业毕业生无法满足用人单位需求"2个子元素位于低损益低概率区，表明这2个子元素对考试内容改革产生的负面影响较小，可以不用考虑。

（4）T象限的6个子元素中，"拟招生专业外部经费支持少""社会对拟招生专业认可度低"2个元素位于中损益中概率区，表明这2个子元素对考试内容改革产生一定的负面作用；"拟招生专业生源结构多元化""拟招生专业岗位能力标准变化快""拟招生专业考试内容复杂""拟招生专业行业企业人才需求量少"4个子元素均位于低损益低概率区，表明这些元素产生的消极影响和不利因素基本可忽略。

通过上述分析，在该专业进行考试内容改革时，要充分利用政策支持、产业发展前景等外部机遇，充分发挥本专业人才培养目标清晰、与产业发展契合、教学条件优越等内部优势，并尽快完善专业师资力量、优化实训条件、加强校企协同育人，通过多渠道筹措资金、提升社会对专业的认可度，推进职教高考内容改革，满足高素质技术技能人才多元化的入学需求。

第三节　职教高考内容改革框架设计

职教高考内容改革的目标是构建引导学生德、智、体、美、劳全面发展的考试内容体系。从宏观上表现为考试科目的改革，从中观上表现为考试科目内容的改革，从微观上表现为命题内容的改革，如图4-16所示。

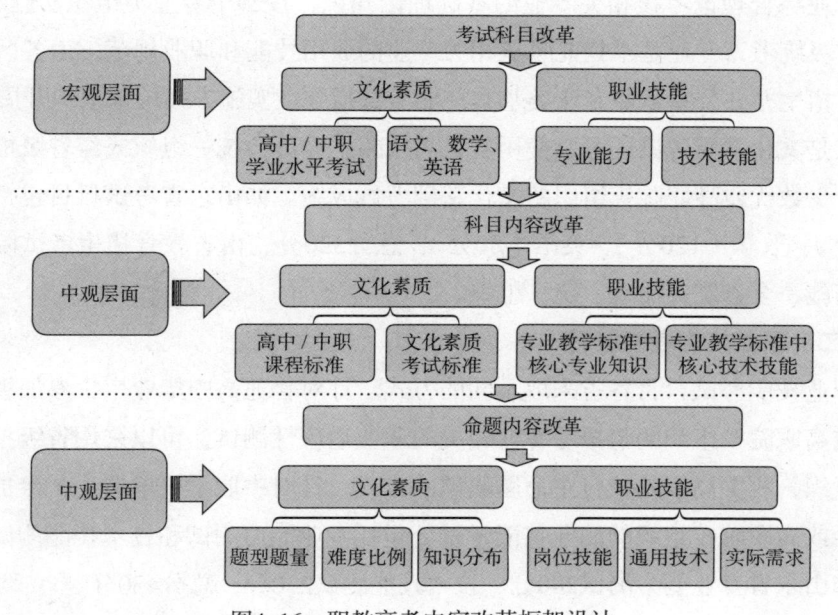

图4-16　职教高考内容改革框架设计

一、宏观层面：考试科目改革

职教高考实施"文化素质+职业技能"考试模式，因此，首先要确定文化素质考试科目和职业技能考试科目。

（一）文化素质考试科目

根据《教育部办公厅关于进一步完善高职院校分类考试工作的通知》（教学厅函〔2021〕36号），可以将文化素质考试科目改革分为以下几种情况：

一是针对普通高中毕业生，文化素质成绩使用高中学业水平考试成绩。根据国家普通高中课程标准和教育考试规定，语文、数学、外语、思想政治、历史、地理、物理、化学、生物等科目，由省级教育行政部门统一组织；艺术（或音乐、美术）、体育与健康、通用技术、信息技术考试，可由省级教育行政部门制定统一要求，确定具体组织方式。

二是针对中职学校毕业生，文化素质成绩可使用中职学校学业水平考试成绩。如江苏省的中职学考包括公共基础知识、专业综合理论、专业基本技能三部分，其中，公共基础知识包括思想政治（职业生涯规划与就业创业、职业道德与法律、经济政治与社会、哲学与人生）、语文、数学、英语4门课程，实行省级统考；专业综合理论考核相关专业的基础理论知识，按29个专业类组织实施考试，实行省级统考；专业基本技能考核相关专业的通用技能和职业规范，由各区市教育局、招生办办公室依照专业类基本技能考试指导性实施方案统筹组织开展。

三是文化素质考试还可以使用省级高校招生委员会统一组织或经省级招委会批准的少数优质高职院校组织的文化基础考试成绩。如山东省考试科目包括语文（120分）、数学（120分）、英语（80分），总分320分，由省教育招生考试院负责组织实施，全省统一命题、统一组织。

（二）职业技能考试科目

职业技能考试科目各省采取不同的方式。针对普通高中毕业生，参加省级招委会或高职院校组织的与报考专业相关的职业适应性测试，可以采用省级招委会统一组织，相关高职院校自主命题测试的方式。针对中职学校毕业生，参加省级招委会或高职院校组织的职业技能考试，包括专业能力测试和技术技能测试两部分，如山东省专业能力测试200分、技术技能测试230分，总分430分。

二、中观层面：科目内容改革

在确定了考试科目后，还要确定科目的考试内容。

（一）文化素质考试科目内容

针对高中学业水平考试，要依据国家普通高中课程标准和教育考试规定，由国家统筹进行内容优化；针对中职学业水平考试，可以由省级教育行政部门根据中等职业教育培养规格和目标，适应中职学生学情，制定《中职学校公共基础课课程标准》，规范文化基础考试内容，建立文化素质考试省级统考制度；针对参加省级高校招生委员会组织的文化素质考试，要紧密结合各省职业教育教学实际和招生工作实际，制定《职教高考文化素质考试标准》，重点考查学生对公共基础知识的掌握情况。

（二）职业技能考试科目内容

对于职业技能考试，专业不同考试内容不同，可根据高职专业大类，针对不同生源群体，统一制定职业技能考评方案和考试内容。其中，专业基础理论测试以教育部发布的中职专业教学标准中核心专业知识为基本依据，采用笔试考试，重点考查综合专业能力；技术技能测试以教育部发布的中职专业教学标准中核心技术技能为基本依据，以操作考试为主。例如，2022年山东春季高考改革专业类别由18类专业细分为38类，有利于中职学校更好开展专业教学及中高职院校专业教学衔接。广东省《深化普通高校考试招生制度综合改革实施方案》规定，职业技能可由专业技能课程证书、国家职业资格证书、职业技能等级证书等体现，也可由学校组织测试，作为录取的资格或依据，逐步增加"专业技能课程证书"测试种类。

三、微观层面：命题内容改革

深化职教高考内容改革最终是要通过命题工作实现，试题作为考试内容的载体和具体呈现形式，在很大程度上体现了职业教育的育人导向和类型特征。

（一）文化素质考试命题内容

文化素质考试命题要坚持突出价值引领、以德为先、知识为基、能力为重、全面发展，依据考试标准，改变相对固化的试题形式，增强试题开放性，减少死记硬背和"机械刷题"现象。要注重题型多样化，题量适中，知识分布合理。例如，山东省2022年文化素质考试语文包括选择题、填空题、简答题、论述题、写作题等，数学包括选择题、填空题、解答题（包括证明题）等，英语包括英语知识运用、阅读理解、补全对话、短文填空、职场写作等，另外，还可以增加案例分析题、综合应用题、材料分析题等题型，有利于学生个性发展，实现因材施考，满足不同潜质学生发展需要。

（二）职业技能考试命题内容

职业技能考试要坚持立德树人、坚持产教融合、坚持服务选才，遵循学生认知规律和成长成才规律，依据学校人才培养方案和人才目标要求，适应经济社会发展和产业转型升级需要，注重考试内容要与培养目标统一，注重岗位技能和通用技术的考量。例如，山东省规定了38个专业类别考试模块的"素质模块""知识模块"和"技能模块"考试内容，从知识、能力、素质等维度明确了职业技能测试目标。其中，笔试的专业基础理论部分可根据考试标准要求，采用填空、填图、是非判断、改错、名词解释、选择、读图分析、问答等题型；技术技能测试部分可以采用上机操作、现场实操、问题答辩、作品设计等题型。

第四节　职教高考内容改革策略

根据SWOT量化矩阵分析结果，在职教高考内容改革框架设计下，进行职教高考内容改革应遵循教育规律和技术技能人才成长成才规律，突出职业教育特点，从政府层面、学校层面、企业层面、社会层面进行整体规划，多方协同联动，坚持立德树人、德技并修，坚持面向实践、强化能力，不断完善考试内容。

一、政府层面

职教高考是我国职业教育重要的制度设计，是彰显职业教育类型特征的具体表现，是构建高质量职业教育体系的关键环节，因此，从国家、省、市各级政府层面，应加大对职教高考改革的支持力度，具体到考试内容改革，可以从以下几个方面入手：

一是加大政策与经费支持力度。将职教高考制度放入国家和省级职教法的内容，使其上升到法律层面，做到改革有法可依；通过出台系列政策和权威解读的形式，强调职教高考内容改革的重要性和必要性；国家和省统筹，尽快建立文化素质考试和职业技能测试标准；国家财政加大专项经费投入，并鼓励社会其他组织以多元化的形式投资，保证职教高考内容改革的顺利推进。

二是提高考试内容的公平性。坚持开放性和公平性原则，根据考试标准，政府主导分专业建设试题库；建设命题专家库，优化命题专家队伍，建立常态化的培养机制，提升命题人员专业素养，增强命题的科学性；兼顾职普融通，使职教高考的考试内容和普通高考具有同等公信力，确保职教高考的公平性和权威性。

三是提高考试内容的科学性。引导每个专业增强适应性，明确考试目标，确保考试内容符合选拔人才的特征；要确保每个专业考试的难度、区分度、信度和效度大体相当，提高考试内容的可测量性；针对多元化的职教高考生源，引导考试内容增加分析问题、解决问题能力的测试，以实现因材施考，为考生搭建成才"立交桥"。

四是编制考试质量评价报告。国家和省层面每年编制职教高考质量评价报告并公开发布，由各省考试组织部门、行业职业教育教学指导委员会、高职院校等，分专业、分类别研究每年职教高考数据，推广典型经验做法，分析存在的问题，以更好地促进考试内容改革。

二、学校层面

高职院校是职业技能考试的组织者，同时也是职教高考的受益方。职教高考的内容改革，有利于学校选拔出更适合学校特色发展和专业建设的技术技能人才。高职院校要加强专业内涵建设，每个专业要紧密对接区域经济社会发展和产业转型升级，明确人才培养目标，为职教高考内容改革提供依据；要加强专业教师团队建设，提升教师的专业能力、研究能力和命题能力，使考试内容和教学内容衔接；完善专业实践教学条件，为职业技能考试内容改革创造真实的职场环境，奠定扎实基础；要加强校企合作深度和广度，使考试内容满足新技术、新工艺、新规范要求。

三、社会层面

职业教育是面向职业教育是面向社会的跨界教育，跨越了职业与教育、企业与学校、工作与学习的界域。因此，职教高考的内容改革要发挥社会各方的协调效应。

职教高考是一项新的制度设计，将改善学生通过普通高考"千军万马过独木桥"的现象，也是选拔高素质技术技能人才的有效途径，全社会要充分认识到职教高考的重要性和必要性，提高对职教高考的认可度，并为职教高考内容改革提供建议，保证职教高考的权威性；社会各界要深度参与到职教高考全过程，从考试科目确定、考试标准制定、考试命题过程等，从而构成协同发展格局，为人人皆可成才、人人尽展其才创造良好的社会氛围。

第五章 技能型社会背景下职教高考评价改革研究

完善高等职业教育"文化素质+职业技能"考试招生评价，是构建现代职业教育体系的关键环节，也是职业教育高质量发展进程中的新命题。在国家政策指导下，各省高职考试招生改革不断深化和完善，多元化考试招生模式逐步形成。从2014年开始，第一批参加"文化素质+职业技能"考试招生的学生已经走上工作岗位，职教高考评价的组织和实施效度如何？怎样实施评价才能选拔出需要的技术技能人才？

第一节 职教高考从单一考试到多元评价的转变

2020年，教育部考试中心发布《中国高考评价体系》和《中国高考评价体系说明》。高考评价体系由"一核、四层、四翼"组成，其中，"一核"即高考"立德树人、服务选才、引导教学"的核心功能，回答"为什么考"的问题；"四层"即高考"核心价值、学科素养、关键能力、必备知识"的考查内容，回答"考什么"的问题；"四翼"即高考"基础性、综合性、应用性、创新性"的考查要求，回答"怎么考"的问题，从而确立了高考内容改革和命题工作的理论框架，同时也为职教高考评价改革提供了理论支撑和实践指导。随着多元智能理论的提出和在教育中的广泛应用，各国对考试评价进行了有益的探索和实践，使考试逐步转向了多元评价。

一、考试与评价的区别

（一）考试

考试主要是解决对人的评价问题，测定人在某些方面的能力，为培养、选拔和使用人才提供依据[64]。考试的初级形态，其功能主要是区分人、选拔人。在人类社会发展过程中，考试是一项非常重要的活动，我国古代考试制度发达，早期的考试主要用于选拔官吏和高级人才，历朝历代都通过考试选拔人才，起源于隋朝的科举考试被认为是世界上最早的考试。"学而优则仕"，古代的学校教育与选士制度紧密相连。科举制强调考试为主，推荐为辅，更加重视考试成绩，其强调人才选拔的公平性和真实性。

近代考试理论和方法起源于英国的教育考试，资产阶级革命后，英国的教育制度发生了根本性的变化，学校入学的选拔依据也从过去的神学宣誓、贵族身份等转为基础知识、能力水平、能力倾向水平的考试。20世纪以后，西方各国纷纷建立现代型的教育考试制度，并基于研究教育与心理测量学模型进行考试设计，其目的是通过考试选拔人才，从心理学、教育学、社会学的角度出发，应用数学、统计学等方面的科学理论建立系统化的测试方法。教育考试作为大规模选拔人才的手段，始于第二次世界大战后美国的大学入学考试，美国大学理事会成立了专门的机构进行考试的设计和实施工作。

考试不仅在教育领域被广泛地应用，而且在各个部门和行业的职业能力、职位竞争等测试方面被经常应用。在公平性和权威性被高度重视的今天，人才的选拔、培养和使用是一个国家非常重要的活动，也对社会的发展产生举足轻重的影响，因此，考试成为每个国家十分重要同时也非常敏感的事项，受到广大人民的广泛关注。

（二）教育评价

教育评价的相关概念、功能和分类在第三章已经论述。教育评价的发展大致经历了古代的传统考试、近现代的科学测试和当代的科学评价三个时期。现代教育评价具有以下特点：

一是评价目标由"选拔适合教育的儿童"转变为"创造适合儿童的教育"，即由重视选拔鉴定转向更加重视改进教与学。

二是评价对象由集中在教学领域对学生的学习成绩的评定扩展为所有教育领域宏观和微观的一切教育活动。

三是评价结果由重视以数量的形式表示转变为以数量和描述相结合的形式表示。

四是评价主体由被动接受评价转变为主动参与评价方案制定和取得评价结果

的全过程。

（三）从考试到评价的转变

由于考试具有操作简单、呈现直观等特点，一直以来被广大教育工作者广泛运用。部分教师甚至把考试与教育评价完全等同起来，认为考试就是评价。考试和评价在内涵上是有区别的，考试侧重于用数字对事物进行直接价值判断，是评价事物的依据，其主要功能是甄别选拔，而并非评价本身[65]。而教育评价是对学生的发展变化及影响学生发展变化的各种要素进行价值分析和价值判断，并为教育决策提供依据的过程，具有反馈、激励、调控、选拔等多方面功能。

随着我国进入新发展阶段，人们的教育观念和考试理念发生了巨大转变，考试从最初的强调选拔人才的功能发展到重视人才培养，从关注智力到关注德、智、体、美、劳的全面发展，从千校一卷、千人一卷到满足个性差异巨大、发展需求多元化人群的需要。实现单一考试到多元评价的飞跃，是人类社会的人才观和教育观从单纯的选拔和分类转变到促进人的全面发展的必然要求[66]，是办人民满意的教育，保证考试的科学性、公平性和权威性的需要。

从经济学视角看，由单一的考试到多元的评价，有利于完善考试的甄别选拔功能，发挥其评价学生成长、实现人才培养目标的作用，从而为经济社会发展选拔和培养合格的人才。

从社会学视角看，教育公平是社会公平的基石，是人们对幸福生活的追求。单一的考试模式用一把尺子量所有的学生，难以满足社会对不同层次、不同类型人才的需求，难以满足人们对教育的个性化、多元化需求。

从教育学视角看，构建服务全民终身学习的教育体系，需要不同类型、不同层次的教育形式，因而需要建立多元化的考试评价制度，从以社会为中心到以学生为中心，以促进人的全面发展和个性充分发展。

二、从单一评价主体到多元评价主体的转变

我国高考制度建立"依据统一高考成绩、依据高中学业水平考试成绩、参考学生综合素质评价"的多元录取机制，就充分体现了我国高考的评价体系已经从单一评价主体转变到政府、高校、高中学校多元评价主体。其中，政府的主体作用体现在统一高考及高中学业水平考试，高校的主体作用体现在学生高考成绩的选用与自主考试，高中学校的主体作用体现在学生的综合素质评价。在此基础

上，确定各评价主体对学生量化考核成绩所占的比重，加权形成高校招生录取依据的高考总成绩[67]。

职业教育是"为了培养高素质技术技能人才，使受教育者具备从事某种职业或者实现职业发展所需要的职业道德、科学文化与专业知识、技术技能等职业综合素质和行动能力而实施的教育"，因此，评价主体除了政府、录取学校、中职学校（高中）以外，还应引入企业，充分发挥企业的育人主体作用，选拔出适应社会主义市场经济和社会发展需要的技术技能人才。

三、从单一评价内容到多元评价内容的转变

根据高校人才选拔要求和国家课程标准，遵循考试评价规律，《中国高考评价体系》明确了四个层次的考核内容，即核心价值、学科素养、关键能力、必备知识。其中核心素养指明了立德树人根本任务，发挥着方向引领作用；学科素养是在立德树人方向指引下，统筹关键能力和必备知识；关键能力是学习者高质量地认识问题、分析问题、解决问题所必须具备的能力；必备知识是指学习者高质量地认识问题、分析问题、解决问题所必须具备的知识，由陈述性知识和程序性知识构成。

可以看出，我国的高考评价通过深化命题改革，实现了"招—考—教—学"各个环节的有机融合。评价内容开始注重考查学生认识问题、分析问题和解决问题的能力，考核内容不仅局限于考核在课程中传授的基本知识，而是更加强调知识在不同情境中的应用能力以及以此形成的实际生活的能力，这对职教高考的评价内容改革起到了非常大的指导、借鉴和参考作用。

职教高考的评价内容不仅要遵循教育测量和教育评价规律，确保考试的科学性，同时要根据技术技能人才成长规律，在考试内容的设计上，注重文化素质和职业技能并重，突出职业道德、职业精神、工匠精神的考核，重视专业知识、专业能力、职业技能的掌握，确保选拔出适应需求的人才。

四、从单一评价方式到多元评价方式的转变

我国的高考评价体系将国家和高校的选才需求与素质教育育人目标有机结合在一起，分为统考招生、自主招生、特殊类型招生等评价方式，把普通高校的招生标准由仅仅依靠单一的考试成绩转为对学生全面的学业评价，打破了"唯分

数"的单一评价模式，从根本上解决了教育评价的指挥棒问题，为科学构建中国特色高考评价体系奠定坚实基础。

职教高考由于生源结构呈现多元化特征，包括普通高中毕业生、中职学生、社会群体等。多元智能理论指出，"不同的人会有不同的智能组合。""世界上并不存在谁聪明谁不聪明的问题，而是存在哪一方面聪明以及怎样聪明的问题。"因此，对不同的生源应采取多元评价方式，如以高考为基础的考试招生、单独考试招生、综合评价招生、面向中职毕业生的技能考试招生、中高职贯通的招生、技能拔尖人才免试招生等。

第二节　从不同视角审视职教高考的评价改革

《深化新时代教育评价改革总体方案》（以下简称《总体方案》）提出，改进结果评价，强化过程评价，探索增值评价，健全综合评价，树立科学的教育发展观、人才成长观、选人用人观。这为职教高考的评价改革明确了方向，以四个评价为切入点，深入推进"文化素质+职业技能"考试评价改革，畅通技术技能人才成长通道。

一、改进职教高考的结果评价

结果评价是对某项教育教学活动完成的结果所做的价值判断，其价值判断的依据是统一的预期目标，评价主要考核达到目标的程度。结果评价重视评价对象的最终成果或成绩，评价的方法多以定量分析为主，评价的结果多以分数或者等级的形式呈现。

《总体方案》要求，"坚决克服唯分数、唯升学、唯文凭、唯论文、唯帽子的顽瘴痼疾。""破五唯"不是不要分数，不要结果评价，而是要改进结果评价，用好结果评价，使结果能够全面真实地反映学生的状态和发展，并将结果评价与过程评价结合，改变用分数给学生贴标签的做法。

职业教育考试招生制度经过十余年的探索，已经逐步建立起了较为科学的结果评价，能够为考生从知识、能力、素养等多个维度提供全面的"画像"。从考试的评价功能来看，考试是落实立德树人的重要载体，是服务高等职业学校选拔人才、服务产业发展需要,是引领教学的需要;从考试评价理念来看,职教高考由传统注重知识能力评价向价值引领,知识、能力、素养并重的评价转变;从评价模式来看,职教高考采取"文化素质+职业技能"的评价方式,与普通高考笔试为主的评价有较大区别。因此,评价功能、评价理念和评价模式的改革,为职教高考改进结果评价、丰富评价结果、优化评价结果的使用创造了有利的条件。

二、强化职教高考的过程评价

过程评价也叫形成性评价,是在教育教学活动中对活动本身所出现的状态和效果进行的价值判断。过程评价肯定新的形成性目标,并把新目标纳入教学目标体系中,发现评价对象的发展潜能。过程评价主要对学生学习过程中的表现、所取得的成绩以及所反映出的情感、态度、策略等方面的发展做出评价,是基于对学生学习全过程的持续观察、记录、反思而做出的发展性评价,有利于帮助学生有效调控自己的学习过程,使学生获得成就感,增强自信心,培养合作精神。

《总体方案》提出,构建引导学生德、智、体、美、劳全面发展的考试内容体系,改变相对固化的试题形式,增强试题开放性,减少死记硬背和"机械刷题"现象。对教育的评价,不能仅限于对学习结果和分数的认定,同时要重视学习主体在学习过程中知识、能力和素养方面的发展。结果和过程不是互相矛盾的,而是相辅相成的,过程是结果的前提,结果是从过程中产生的[68]。

职教高考采取"文化素质+职业技能"的评价方式,充分体现了过程评价的视角。从文化素质的考试评价来看,对普通高中毕业生,可以使用高中学业水平考试成绩,对中职学校毕业生,可以使用省级高校招生委员会统一组织文化基础考试的成绩或中职学校学业水平考试的成绩,注重过程评价,不完全以一次考试成绩评价学生;从职业技能的考试评价来看,以操作考试为主,充分体现岗位技能、通用技术等内容,将学生在操作过程的表现纳入评价体系,重视学生分析问题和解决问题的能力。

三、探索职教高考的增值评价

增值评价是以学生学业成就为依据,追踪学生在一段时间内学业成就的变化,并将客观存在的不公平因素的影响分割,考查学生学业成就净增值的评价。它是评价学生进步程度和学校努力程度的发展性评价工具,通过关注学生一段时间内在原有基础上的进步程度来衡量学校的努力程度,从而科学、公正地评价教育效能的高低。

《总体方案》提出了"促进学生全面发展的评价办法更加多元"的改革目标,提出要"坚持面向人人、因材施教、知行合一,坚决改变用分数给学生贴标签的做法"。因此,要将考试作为促进学生全面发展的重要载体,要用发展的眼光评价学生,不再局限于对高考成绩作横向比较,而是对学生的发展做横向和纵向两个方向的比较,帮助学生分析个人优势和寻找差距。

职教高考针对不同生源结构制定了不同的考试招生机制,明确了中高职贯通培养和高技能人才免试入学的招生办法,体现了增值评价在职教高考中的应用。对"三二分段制"贯通培养的学生,完成中等职业教育阶段培养任务后,通过统一考试,可被有关高等职业学校录取;对五年一贯制培养的学生,完成中等职业教育阶段学习任务并达到相关要求后,可直接进入高等职业教育阶段学习。职教高考同时实施技能拔尖人才免试招生办法,对于满足技能大赛或其他获奖条件的中等职业学校应届毕业生,按照相关程序,可由有关高等职业学校免试录取。从而使学生在增值评价中看到自己的进步和发展,通过努力获取相应的上升渠道,最终实现增值评价的激励与促进作用。

四、健全职教高考的综合评价

综合评价是指使用比较系统的、规范的方法对于多个指标、多个单位同时进行评价,是按照一定的标准(客观/主观、明确/模糊、定性/定量),对特定事物、行为、认识、态度等评价客体的价值或优劣好坏进行评判比较的认知过程,同时也是决策过程。

《总体方案》提出,要"创新德智体美劳过程性评价办法,完善综合素质评价体系"。综合评价是新时代深化考试招生制度改革的重要内容,是落实立德树人根本任务的关键环节。综合评价通过多元评价主体参与的方式,基于多重指标,有利于对评价对象进行全方位的评定。

职教高考在综合评价方面的探索主要表现在以下三个方面:一是探索综合评价招生办法,即对行业特色鲜明且社会急需的专业,依据考生普通高中学业水平考试成绩和综合素质评价结果,综合评价,择优录取。二是探索建立学分银行制度,推动多种形式学习成果的认定、积累和转换,实现职业教育和普通教育之间的互相衔接。三是在"文化素质+职业技能"的考试招生中，要参考学生的综合素质评价，由高职院校制定学生综合素质评价在招生中的使用办法，并提前向社会公布。

第三节 职教高考评价体系构建

职教高考评价体系构建遵循职业教育规律，在教育测量理论指导下，依据评价体系构建要素，从评价目标、评价内容、评价主体、评价方式等四个维度，研究为什么评、评什么、谁来评、怎么评，从根本上解决培养什么人、怎样培养人、为谁培养人的问题，从而发挥教育评价指挥棒作用，构建引导学生德、智、体、美、劳全面发展的考试体系。

一、确定职教高考的核心功能

新修订的《中华人民共和国职业教育法》明确指出，"职业教育必须坚持中国共产党的领导，坚持社会主义办学方向，贯彻国家的教育方针，坚持立德树人、德技并修，坚持产教融合、校企合作，坚持面向市场、促进就业，坚持面向实践、强化能力，坚持面向人人、因材施教。"职教高考作为职业教育育人的重要环节，要围绕"培养什么人、怎样培养人、为谁培养人"这一教育的根本问题，回答好"为什么考""考什么""怎么考"的问题。

《中国高考评价体系》明确了高考的"立德树人、服务选才、引导教学"核心功能。职业教育作为与普通教育具有同等重要地位的教育类型，是国民教育体系和人力资源开发的重要组成部分，是培养多样化人才、传承技术技能、促进就业创业的重要途径，因此，职教高考的核心功能还应有拓展，以建立符合职业教育特点的考试招生制度。根据社会主义市场经济和社会发展需要，遵循技术技能人才成长规律，将职教高考的核心功能界定为"立德树人、服务选才、适应需求、引领教学"。

立德树人是职教高考的根本任务，要将立德树人的要求融入文化素质考试和职业技能考试的各个环节，弘扬社会主义核心价值观，不断提高学生的思想道德水平和政治觉悟，培养职业道德、职业精神和行为习惯，培育劳模精神、劳动精神、工匠精神。

服务选才是职教高考的根本功能，职教高考是为国家经济社会发展选才，是为高等职业学校选才，为全面建设社会主义现代化国家提供有力人才和技能支撑。同时也是实现职业教育"面向人人、因材施教"的重要路径。

适应需求是增强职业教育适应性的根本要求，职教高考要适应产业转型发展需要，适应互联网、大数据、人工智能等新一代信息技术发展需要，适应高等职业学校高质量发展需要，适应学生全面发展和个性化成才需要，以推动实现"人人努力成才、人人皆可成才、人人尽展其才"。

引领教学是职教高考的根本任务。职教高考科目的选择、内容的制定等对中职教学起着风向标的作用。职教高考要用好考试评价的指挥棒，将选拔人才与培养人才衔接，以促进学生成长成才为逻辑起点，实现"招—考—教—学"一体化。

"立德树人、服务选才、适应需求、引领教学"是系统性、协同性、相辅相成的。在职业教育的"入口"落实立德树人机制，将立德树人贯穿于"文化素质"和"职业技能"的考试评价中，融入职业教育各环节；围绕立德树人，确定职教高考的服务选才、适应需求、引领教学功能，充分实现职教高考服务国家选才、促进学生成长、保障社会公平的功能。

二、职教高考评价体系的构成要素

职教高考评价的内涵丰富，按照评价的全过程来分，要对考试前、考试中、考试后三个部分作评价。依据教育评价理论，遵循职业教育规律和技术技能人才成长规律，从评价目标、评价主体、评价内容、评价方式等四个维度构建职教高考评价体系。

（一）评价目标

职教高考的评价目标不再仅局限于甄别和选拔学生，而是兼顾促进学生的发展、学生潜能个性与创造性的发挥。在分析考生生理特点、学情特征和兴趣爱好等因素的基础上，对其发展特征进行描述，并实施必要的选拔，使职教高考有利于学生发挥个性潜能，有利于学生的后续发展，从而为各类学生接受高等职业教育提供多样化入学方式。

对整个职教高考评价体系来说，在考试前应侧重评价职教高考引领教学的效果,即是否能实现"考—教—学"的统一;对考试过程应侧重评价是否能确保职教高考的公平性和权威性,以及社会对职教高考的认可度;在考试后应侧重评价通过考试选拔的人才是否满足行业企业、高等职业学校和学生多元发展的需求。

(二)评价内容

不同于普通高考,职教高考的评价内容要同时兼顾文化素质和职业技能,要坚持面向实践、强化能力,依据高等职业学校人才培养要求和普通高中、中职学校教育教学实际,设计考试评价内容,命制试题,确定各部分内容所占权重。

在考试前侧重于评价发布的文化素质和职业技能的考试标准和考试样题是否达到要求;在考试过程中,依据评价标准,分别对文化素质考试和职业技能考试进行评价;在考试后侧重评价考试的组织过程是否规范、严谨,考试的分数是否达到效度、信度、区分度的要求。

(三)评价主体

国家鼓励发展多种层次和形式的职业教育,推进多元办学,发挥企业重要的办学主体作用,推动企业深度参与职业教育。因此,职教高考的评价应坚持政府、学校、企业多元主体参与,发挥不同主体的作用,推进职教高考选拔出适应需求的人才。

在考试前,由教育行政部门牵头,职业学校和行业企业共同对考试标准、考试样题、落实"考—教—学"一体化情况进行评价;考试过程中,由教育行政部门统一组织考试,高等职业学校和行业企业具体落实职教高考的评价实施;在考试后,由教育行政部门、职业学校、行业企业共同对职教高考的组织过程、选拔的人才进行评价。

(四)评价方式

职教高考的生源中,中职学生占了较大比例,因此,从面向实践、强化能力的角度出发,评价方式要突破传统笔试,加强情境化试题设计,对学生的独立思考、逻辑推理、信息加工等能力进行考查,从"解题"到"解决问题"全过程引导学生。

在考试前,采取定性评价与定量评价相结合的方式,通过分析问卷、调查报告等形式开展评价;在考试过程中,融合过程评价和结果评价,探索增值评价,用好综合评价;在考试后,可采用个案评价、综合评价等形式,对职教高考的成效开展评价。

三、职教高考评价体系框架的构建

《教育部关于做好2022年普通高校招生工作的通知》（教学〔2022〕1号）指出，从有利于学生未来成长发展的角度，逐步转变为简单以考试成绩为唯一标准的招生模式。要遵循职业教育人才培养规律，进一步完善"文化素质+职业技能"的职教高考制度，服务现代职业教育高质量发展需要。因此，职教高考评价体系的设计要坚持职业教育类型定位，以面向市场、促进就业为导向，遵循技术技能人才成长规律，在教育测量理论和评价理论指导下，从考前、考中、考后三个阶段，评价目标、评价内容、评价主体、评价方式等四个维度构建体系，评价职教高考的全过程，如图5-1所示。

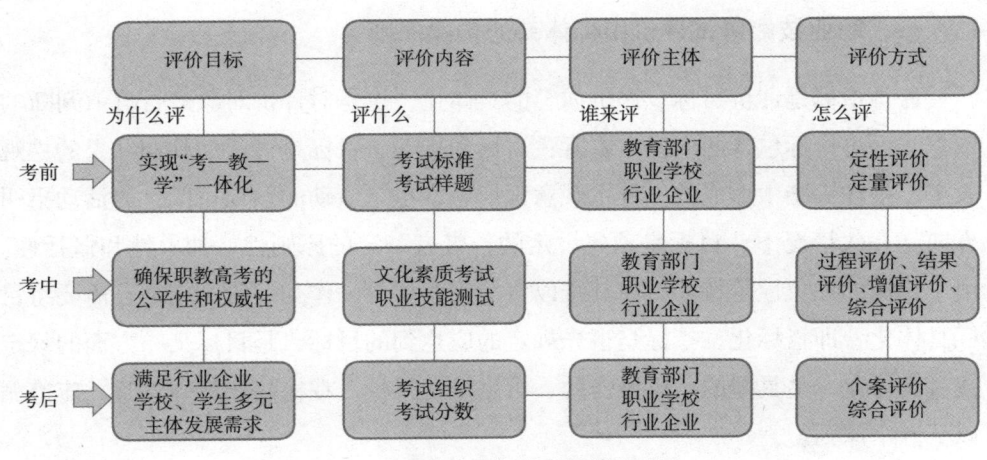

图5-1 职教高考评价体系框架图

构建的职教高考评价体系将有利于职业教育发挥培养多元化人才、传承技术技能、促进就业创业功能，助力构建面向全体人民、贯穿全生命周期、服务全产业链的职业教育体系，加快建设国家重视技能、社会崇尚技能、人人学习技能、人人拥有技能的技能型社会。

第四节 职业技能考试评价指标体系的构建

20世纪初，美国教育界曾相信，标准化考试是人才测量和选拔的最科学、最公正、最可操作的方法。但是，在实行了20多年后，应试教育的弊端很多。教育学家桑迪在此基础上提出，将考试改为引导、刺激学生继续学习和发展的评价，将以书面考试为主的评测，发展为以观察法为重点的多样化评价，将以记忆为主的评测，改为以创造性及问题意识为中心的评价。

评价指标体系是指由表征评价对象各方面特性及其相互联系的多个指标所构成的具有内在结构的有机整体。考试评价指标体系则包括对考生进行评价的各项指标以及各项指标在质量和数量上应达到的具体要求和程度，是实施考试评价的准则和尺度。本节将基于职业技能考试过程设计评价指标体系，面向市场，强化能力，落实职教高考的育人功能，培养德、智、体、美、劳全面发展的高素质技术技能人才。

一、职业技能考试评价指标体系的构建原则

评价指标是评价目标、评价内容的具体化，也是对评价对象进行价值判断的依据。评价指标包含两个基本要素：目标和指标。目标是对活动预期结果的主观设想，是在头脑中形成的一种主观意识形态，也是活动的预期目的，为活动指明方向。一般情况下，目标是预先设定的，带有一定的原则性、抽象性和概括性。由于目标的抽象性等特征，使其难以直接用于评价，作为评价的依据，需要将目标具体化，即指标化。指标是事先规定的应达到的目标，是目标某一方面的规定或者具体化，是具体的、可操作的、可测量的目标。在构建指标体系时，应遵循以下五个原则。

（一）系统性原则

各指标之间要有一定的逻辑关系。各指标之间相互独立，又彼此联系，共同构成一个有机整体。指标体系的构建具有层次性特征，自上而下、从宏观到微观，层层深入，形成一个不可分割的评价体系。

（二）动态性原则

国家建立符合职业教育特点的考试招生制度，根据产业布局和行业发展需要，大力发展先进制造业等产业需要的新兴专业，因此，职教高考的职业技能考试要紧密对接经济社会发展和产业转型升级，指标的选择要坚持动态性原则，契合新技术、新规范、新工艺对技术技能人才素质和能力的需要。

（三）科学性原则

指标体系的构建要坚持科学性原则，能客观、真实地反映技术技能人才成长规律，落实立德树人根本任务，坚持德技并修，发挥考试的育人功能。同时，评价指标在总体范围内要保持一致性，且应该具有典型代表性。

（四）共性和个性统一原则

共性和个性是辩证统一关系。共性指一切事物或某类事物共有的性质，它决定该类事物发展的基本趋势。个性指某一事物特有的性质，是一事物区别于另一事物的根据。高等职业学校的生源结构呈现多元化特征，根据多元智能理论，职业技能考试评价指标体系的构建要坚持共性和个性统一的原则，在促进学生全面发展的同时，助力学生多样成才。

（五）可操作性强原则

指标体系构建是为了更好地服务于选拔人才、适应需求、促进成长，因此，指标选取要坚持可操行强的原则，各指标尽量简单明了、便于评价，不宜过多过细，使指标过于烦琐，增加工作量。同时，选择指标时也要考虑能否进行定量处理，以便于进行数学计算和分析。

二、职业技能考试评价指标的确定

"职业教育必须坚持中国共产党的领导，坚持社会主义办学方向，贯彻国家的教育方针，坚持立德树人、德技并修，坚持产教融合、校企合作，坚持面向市场、促进就业，坚持面向实践、强化能力，坚持面向人人、因材施教。实施职业教育应当弘扬社会主义核心价值观，对受教育者进行思想政治教育和职业道德教育，培育劳模精神、劳动精神、工匠精神，传授科学文化与专业知识，培养技术技能，进行职业指导，全面提高受教育者的素质。"新修订的职教法明确了职业教育的实施原则。

以"七个坚持"为基本遵循，根据高等职业学校人才选拔要求和中职教学标准，遵循考试评价规律和技术技能人才成长规律，职业技能考试将评价目标凝练为"核心价值、职业素养、关键能力、实践能力"4个层次的考核评价内容，并细化为16个三级指标，如图5-2所示。

```
                        ┌──────────────┐
                        │ 职业技能考试 │
                        └──────────────┘
         ┌──────────────┬──────────────┬──────────────┐
    ┌─────────┐   ┌─────────┐   ┌─────────┐   ┌─────────┐
    │ 核心价值│   │ 职业素养│   │ 关键能力│   │ 实践能力│
    └─────────┘   └─────────┘   └─────────┘   └─────────┘
```

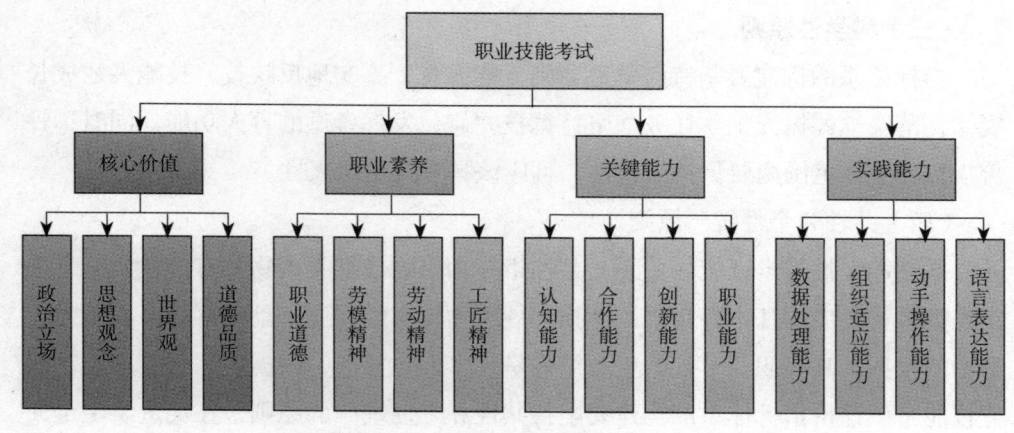

图5-2　职业技能考试评价指标体系

二级指标：政治立场、思想观念、世界观、道德品质、职业道德、劳模精神、劳动精神、工匠精神、认知能力、合作能力、创新能力、职业能力、数据处理能力、组织适应能力、动手操作能力、语言表达能力

三、职业技能考试评价指标的内涵

在"核心价值、职业素养、关键能力、实践能力"4个维度的考核评价内容中，"核心价值"是落实立德树人、德技并修根本任务，起到价值引领作用；"职业素养"是职业技能考试评价的基本任务，统领关键能力和实践能力；"关键能力"是专业知识和专业技能以外的能力，是个人终身发展和适应社会发展需要的必备能力；"实践能力"是职业技能考试主要的呈现形式，重点评价实际操作能力。

（一）核心价值

核心价值是指即将进入高等职业学校学习的学生应具备的良好政治素质、道德品质和正确的世界观、人生观、价值观的综合。核心价值是解决"培养什么人、怎样培养人、为谁培养人"这一教育根本问题的关键，在职业技能考试评价体系的考核内容中居于首要地位，确保德、智、体、美、劳全面发展的育人目标，为全面建设社会主义现代化国家提供人才和技能支撑。

核心价值包括政治立场、思想观念、世界观、道德品质4个二级指标，以及理想信念、爱国主义、法治意识、奋斗精神、人生态度、价值取向、品德修养、责任担当、健康人格等9个三级指标，如图5-3所示。

（1）理想信念。学习领会习近平新时代中国特色社会主义思想，树立共产主义远大理想，增强中国特色社会主义道路自信、理论自信、制度自信、文化自信，勇于肩负起实现中华民族伟大复兴中国梦的时代重任。

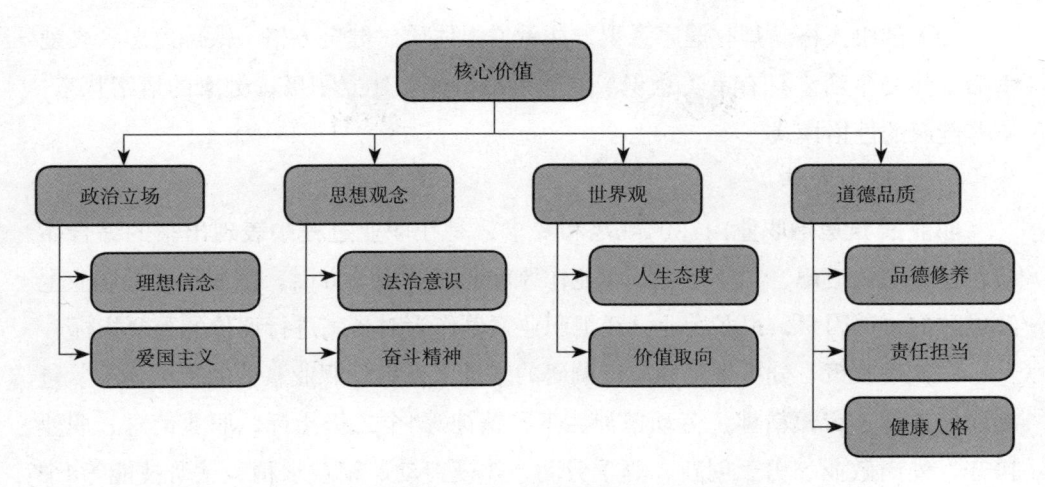

```
                        ┌──────────┐
                        │ 核心价值 │
                        └────┬─────┘
         ┌──────────┬────────┼────────┬──────────┐
    ┌────┴───┐ ┌────┴───┐ ┌──┴───┐ ┌──┴─────┐
    │ 政治立场│ │思想观念│ │世界观│ │道德品质│
    └────┬───┘ └────┬───┘ └──┬───┘ └──┬─────┘
    ┌────┴───┐ ┌────┴───┐ ┌──┴─────┐┌┴───────┐
    │ 理想信念│ │法治意识│ │人生态度││品德修养│
    └────────┘ └────────┘ └────────┘└────────┘
    ┌────────┐ ┌────────┐ ┌────────┐┌────────┐
    │ 爱国主义│ │奋斗精神│ │价值取向││责任担当│
    └────────┘ └────────┘ └────────┘└────────┘
                                     ┌────────┐
                                     │健康人格│
                                     └────────┘
```

图5-3 核心价值指标体系

（2）爱国主义。热爱和拥护中国共产党，厚植爱国主义情怀，维护民族团结和国家统一，维护国家尊严与利益。弘扬中华民族传统美德。坚持中国特色社会主义先进文化方向，传承和弘扬中华优秀传统文化，继承革命文化。

（3）法治意识。坚持中国特色社会主义法治道路，树立宪法法律至上、法律面前人人平等的法治观念。自觉遵纪守法，主动参加社会主义法治国家建设。能够依法行使权利、履行义务。

（4）奋斗精神。培养奋斗精神，树立高远志向，认同幸福都是奋斗出来的，奋斗本身就是幸福的观念。坚定前进信心，具有勇于奋斗的精神状态，勇于开拓、顽强拼搏。

（5）人生态度。树立远大理想，具有积极、乐观的人生态度。热爱学习，把学习作为追求、爱好和健康的生活方式。不怕吃苦，具有坚韧不拔、百折不挠的精神。

（6）价值取向。培养正确的价值观，能够明辨是非，树立正确的、崇高的、科学的理想。认识到为他人服务是实现自己价值的前提，具有奉献精神。

（7）品德修养。践行社会主义核心价值观，遵守社会公德、职业道德，崇尚家庭美德，培育个人品德。坚持正确的道德观念，养成良好的行为习惯。

（8）责任担当。坚持正确的权利和义务观念，具有社会责任感，积极承担社会责任，履行义务。具有集体主义精神，积极维护公共利益，培养报效祖国、报答社会的责任意识。

（9）健康人格。具有健康意识，注重增强体质、健全人格、锻炼意志，真爱生命，热爱生活。具有审美意识，能够陶冶情操。建立积极、健康的情绪状态，培养健康的性格模式。

（二）职业素养

职业素养是指职业内在的规范和要求，是在职业过程中表现出来的综合品质，包含职业道德、职业行为、职业作风和职业意识等方面。职业素养是职业生涯成败的关键因素，很多企业已经把职业素养作为对员工进行评价的重要指标。

在梳理政策、分析理论和广泛调研的基础上，设计职业素养的指标体系。包括职业道德、劳模精神、劳动精神、工匠精神等4个二级指标，职业信念、职业操守、爱岗敬业、勇于创新、尊重劳动、热爱劳动、精益求精、钻研技能等8个三级指标，如图5-4所示。

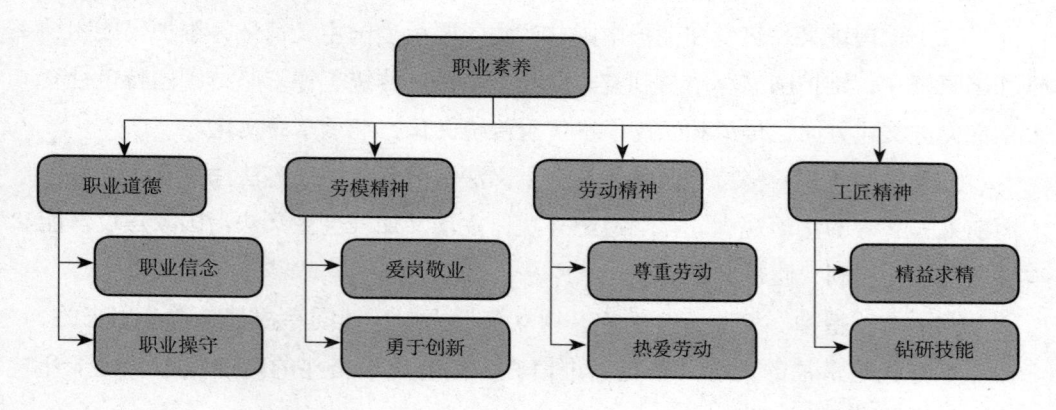

图5-4 职业素养指标体系

（1）职业道德。是指学习者应具备的爱岗敬业、诚实守信、办事公道、奉献社会等素质，通常表现为观念、习惯、信念、行为等。由于职业道德的职业性和实践性特征，不同的行业形成不同的职业道德，对不同专业的学生提出了不同的要求。职业道德包括职业信念和职业操守2个三级指标。

（2）劳模精神。是指学习者应具备的爱岗敬业、争创一流、艰苦奋斗、勇于创新、淡泊名利、甘于奉献的劳动模范精神。职业院校学生应向劳模学习，以劳模为榜样，能以主人翁的责任感、卓越的劳动创造、忘我的拼搏奉献，助力建设技能型社会。劳模精神包括爱岗敬业和勇于创新2个三级指标。

（3）劳动精神。是指学习者在理念上要尊重劳动、崇尚劳动、热爱劳动，在行为上要辛勤劳动、诚实劳动、创造性劳动。培养德、智、体、美、劳全面发展的社会主义建设者和接班人要求学生树立正确的劳动观点和劳动态度，热爱劳动和劳动人民，养成劳动习惯。劳动精神包括尊重劳动、热爱劳动2个三级指标。

（4）工匠精神。是指学习者要具备的专注、标准、精准、创新、完美、人本精神。从制造业大国向制造业强国转变，需要培育和弘扬技术技能人才严谨认真、精益求精、追求完美的工匠精神，同时，还要紧跟产业转型升级和时代步伐，勇于开拓创新。工匠精神包括精益求精、钻研技能2个三级指标。

（三）关键能力

中共中央办公厅、国务院办公厅印发的《关于深化教育体制机制改革的意见》对关键能力做了明确规定，指出"要注重培养支撑终身发展、适应时代要求的关键能力"。关键能力是学习者在面对相关生活实践或学习探索问题情境时，高质量地认识问题、分析问题、解决问题所必须具备的能力，泛指具体的专业知识和专业技能以外的能力，是人们就业、再就业和职场升迁所必备的能力，也是在校、已就业和即将就业人群竞争力的重要标志。

根据相关文件规定，关键能力包括认知能力、合作能力、创新能力、职业能力等4个二级指标，以及阅读理解能力、信息处理能力、学会学习能力、与人交流能力、与人合作能力、创新意识、创新思维、创新技能、分析问题能力、解决问题能力等10个三级指标，如图5-5所示。

（1）认知能力。要求学生具备独立思考、逻辑推理、信息加工、学会学习、语言表达和文字写作的素养，养成终身学习的意识和能力。包括阅读理解能力、

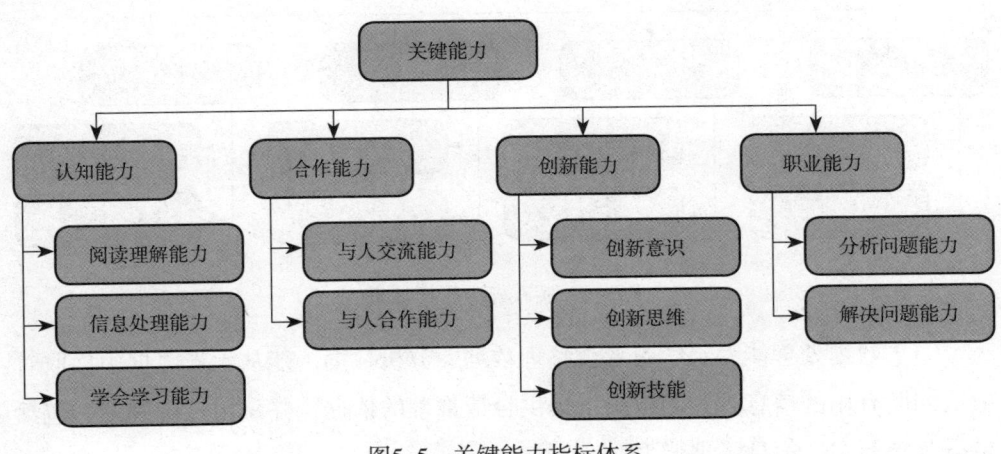

图5-5 关键能力指标体系

信息处理能力、学会学习能力等3个指标。

（2）合作能力。引导学生学会自我管理，学会与他人合作，学会过集体生活，学会处理好个人与社会的关系，遵守、履行道德准则和行为规范。包括与人交流能力、与人合作能力2个指标。

（3）创新能力。激发学生好奇心、想象力和创新思维，养成创新人格，鼓励学生勇于探索、大胆尝试、创新创造。包括创新意识、创新思维、创新技能3个指标。

（4）职业能力。引导学生适应社会需求，树立爱岗敬业、精益求精的职业精神，践行知行合一，积极动手实践和解决实际问题。包括分析问题能力、解决问题能力2个指标。

（四）实践能力

实践能力是在发展过程中升华形成的人的基本活动技能。实践强调行为的体现过程，是考查学习者"怎么做"。实践能力需要学习者能够熟练运用已掌握的知识和技能解决工作中遇到的实际问题。

根据职业技能考试的特性，实践能力包括数据处理能力、组织适应能力、动手操作能力、语言表达能力4个二级指标和数据收集能力、信息管理能力、组织实施能力、安全环保意识、任务设计能力、操作规范水平、概括总结能力、论证表述能力等8个三级指标，如图5-6所示。

```
                        实践能力
         ┌──────────┬──────────┬──────────┐
     数据处理能力  组织适应能力  手动操作能力  语言表达能力
         │          │          │          │
     数据收集能力  组织实践能力  任务设计能力  概括总结能力
         │          │          │          │
     信息管理能力  安全环保意识  操作规范水平  论证表述能力
```

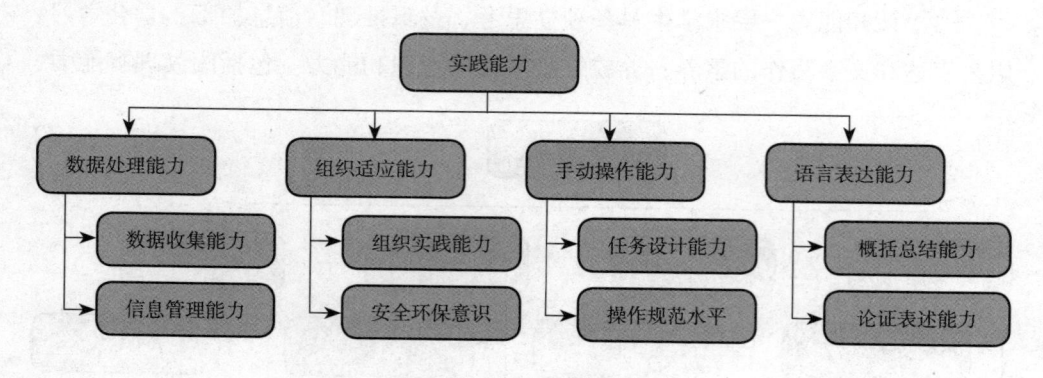

图5-6 实践能力指标体系

（1）数据处理能力。学习者会整理数据、分析数据，能从大量数据中抽取对解决问题有用的信息，为做出决策提供合情推理的依据，并做出正确判断。包括数据收集能力、信息管理能力2个指标。

（2）组织适应能力。学习者能够适应不断变化发展的环境，具有一定的组织能力，能够独立或者合作完成指定的任务。包括组织实施能力、安全环保意识2个指标。

（3）动手操作能力。动手操作能力是职业技能考试的核心，要求学习者能够利用学过的知识和技能，动手解决工作情境中的问题。包括任务设计能力、操作规范水平2个指标。

（4）语言表达能力。语言表达能力是指学习者运用字、词、句、段，以书面语言或口头语言表述指定的任务，具体指用词准确、语意明白、结构妥帖、语句简洁、文理贯通、语言平易、合乎规范。包括概括总结能力、论证表述能力2个指标。

第五节 职教高考评价改革策略

考试招生制度是我国基本教育制度，也是人才培养的枢纽环节。职业教育作为与普通教育同等重要、"双轨"并行的教育类型，为达到"培养高素质技术技能人才"的培养目标，需要有适应职业教育特点的考试招生制度，实现因材施考、因材施教。深化职教高考改革应坚持立德树人、德技并修，从以下四个方面着力。

一、以四个评价为基本遵循，建立国家层面的职教高考评价体系

我国高考经过几十年的探索，已经积累了丰富的考试评价经验，尤其是《中国高考评价体系》的发布，更是从理论和实践层面创建了以价值为引领的、系统的、科学的、创新的评价体系，从而为职教高考评价体系的构建提供了指导。同时，《深化新时代教育评价改革总体方案》为职业教育加快建立职教高考制度，为推进职教高考改革提供了基本遵循。

为确保职教高考具有和普通高考同等的公平性和权威性，职教高考应坚持改进结果评价，强化过程评价，探索增值评价，健全综合评价，在国家层面建立统一的考试评价体系，并公开发布。各省（市）在国家总体方案的指导下，结合本区域经济发展和产业转型升级，根据高等职业学校专业发展需要，针对不同生源

结构，设置多元化的评价体系。

二、完善考试标准体系，提高职教高考命题质量

新修订的职教法明确"实施职业教育应当根据经济社会发展需要，结合职业分类、职业标准、职业发展需求，制定教育标准或者培训方案"，规范职业教育标准体系，是职业教育高质量发展的逻辑起点。同样，加强考试标准体系建设是职教考试改革的重心工作，要以发达国家职业教育的成功经验为借鉴，研究建立更为科学、合理、细致、规范的考试标准[69]。

（1）加强命题标准建设。根据职教高考特征，将文化素质和职业技能考试命题工作程序化、规范化、标准化，尤其是职业技能考试标准要在政府主导下，与行业企业合作，共同建设题库，并随着产业发展动态更新，应对考试发展的新形势。

（2）完善试题质量标准。只有确立了试题质量标准，才能更加客观、深入地评价高考试题水平，要在对历年职教高考数据梳理的基础上，对高考试卷进行专门性分析和评价。

（3）要加强评卷质量标准建设。职教高考的考试内容尤其特殊，职业技能考试以操作为主，重视过程性评价，这对评卷提出了更高的要求，因此，要通过规范评卷程序，统一评卷标准，细化评分细则，确保职教高考的信度和效度。

三、发挥考试引领教学作用，将考试与教学紧密融合

考试与教学相互联系又存在区别，二者都是落实立德树人根本任务，以考促教，以考促学，相互促进，同时，考试和教学的组织与实施又遵循各自的规律。处理好二者的关系，能够使选拔人与培养人一体化，为经济社会发展提供合格的技术技能人才。

（1）将考试改革与培养目标结合。职教高考的内容改革和评价改革要遵循技术技能人才成长规律，依据专业培养目标设计文化素质和职业技能考试内容，服务学生个性发展和高职学校人才选拔。

（2）将考试改革与课程改革结合。依据专业人才标准、课程标准、实习实训标准等设计命题内容，重视职业能力和职业素养，服务学生全面发展。

（3）将考试改革与学生学习特点结合。高等职业学校生源结构呈现多元化特

征，不同生源具有不同的学习特征和学习需求，职教高考改革要在分析学生学情的基础上，设计多元化的考试内容和评价标准，实现因材施考，因材施教。

四、建立四级监测体系，用好职教高考评价分析报告

评价职教高考改革成效、落实立德树人、德技并修机制、培养目标达成度等因素，需要建立起国家、省市、地区、学校四个级别的监测体系，国家层面为不同省市职教高考选拔人才和促进学生发展状况画像；各省市对不同的高等职业学校的职教高考质量进行监测，为每一个学校做出精准的评价；而学校层面可以落实到每个专业，落实到每个学生，确保职教高考立德树人、服务选才、适应需求、引领教学落到实处。

同时要用好职教高考评价分析报告，横向分析试卷质量、考生差异性、试卷与考生能力匹配度、试卷与高等职业学校发展契合度、试卷与产业发展适应性等，纵向分析近3年试卷质量稳定性、考生能力年度对比、考生对试卷满意度、教师对试卷满意度、高职学校满意度、企业满意度等。各省市、各高等职业学校形成的报告面向社会发布，为教育部门、学校提供改进教育教学的意见和建议，为学生、家长提供更多的信息服务。

第六章 技能型社会背景下职教高考改革成效研究

成效通常指获得的效果。效果是产出带来的结果和变化，也就是组织生产产品或提供服务带来的结果，如效率、效益、有效性、影响等[70]。近年来，育人效果成为职业教育质量评价的重要标准。职教高考是职业教育育人效果的重要环节，本章将以定性分析与定量分析相结合，研究职教高考改革对职业教育人才培养质量的深远影响。

第一节 基于测量理论的职教高考改革成效要素分析

本节将经典测量理论应用于职教高考改革成效分析，从教育测量视角透视职教高考的科学性，满足难度、区分度、效度和信度等技术指标的要求，以提高考试的可靠性，保证"职教高考"作为制度设计的权威性。

一、难度：要能充分适合被测试者的能力水平

难度是测验的难易程度，通常用通过率作为难度系数 P 来定量描述被测试者完成项目作答任务时遇到的困难程度。P 的最小值为 0，最大值为 1。通常将 $P \leq 0.4$ 定义为难，将 $0.4 < P < 0.7$ 定义为适宜，当 $P \geq 0.7$ 时定义为容易。

职教高考的难度受被测试者个体特征、测试方式、测试环境等多种因素影响。目前，职教高考的主体以中等职业学校毕业生为主，其学习行为具有动手能力强、逻辑思维弱、创新能力强、学习需求多元化等特征。针对被测试者的学情特点，如果在真实或模拟的情景化职场环境中，采用实践操作的形式完成职业技能测试，将在一定程度上降低测试的难度。因此，职教高考的内容要在深入分析研究被测试者学习心理特征和行为特征的基础上，科学设计测试题目结构和题目

类型，并设定恰当的测试方法，使考试的难度控制在0.4~0.7，且在0.5左右，保证测试的适当性和有效性。

二、区分度：要能准确鉴别被测试者技能水平的高低

区分度是指测验在多大程度上能将水平高低不同的被测试对象区分开来的量度，通常用 D 表示，取值范围在 -1~1 之间。D 值越大，区分度越高，越能反映出被测试者的真实水平。当 D 取 0~1 的值时，表示正区分，即高水平的被测试者得高分，低水平的被测试者得低分；当 D 取 -1~0 的值时，表示负区分，即高水平的被测试者反而得低分，而低水平的被测试者得分高；当 $D=0$ 时，表示高水平的被测试者和低水平的测试者得分没有差异。根据美国教育测量学家埃贝尔提出的区分度标准，D 的取值在 0.40 以上，则认为测试的区分度较好。

职教高考的区分度是衡量考试质量的重要标准和依据。职教高考以学生的能力为导向，注重职业能力评价，要求被测试者在设定的情境中，运用已有的知识和具备的能力完成设定的任务，评价过程侧重被测试者知识和技能的掌握程度、分析问题和解决问题的能力、交流与合作的能力，以及批判性思考问题的能力，因而，职教高考内容和方式要充分考虑上述因素，科学设定测试的区分度，合理区分被测试者能力的不同水平，选拔出合适的技术技能人才。

三、信度：要能稳定呈现被测试者技能的实际水平

信度是测验的可靠性程度，是指测验能否稳定地反映被测试者的实际水平。任何一个测试都会受到相关因素的干扰，从而在不同程度上影响测试的信度。测验的信度系数通常用相关系数来表示，信度系数越大，测验的可信程度越高。美国学者德维利斯认为，信度系数为 0.7~0.8，测试的信度就相当好，信度系数在 0.8 以上，信度非常好。

职教高考采用"文化素质+职业技能"考试招生办法，其考试过程受被测试者生理因素和心理因素、考试的难度和方式、考试的时段和时长、考试环境和测试设备、评分人员的言行和评分方式等影响，从而导致测试结果不稳定，影响考试的信度。因此，要科学设计职教高考的命题、测试过程以及考核评价，以最大限度避免被测试对象特质不同、测试时间不同、测试环境不同等因素带来的误差影响，保证考试结果公平和公正，为选拔适应需求的技术技能人才提供客观有效

的依据。

四、效度：要能有效反映被测试者的能力建构

效度即有效性，是指所测量到的结果反映想要考查内容的程度。效度是和测量目标紧密联系的，反映了测验预期目的的达成度，测量结果与要考查的内容越吻合，则效度越高。美国心理学会发布的《教育与心理测量的标准》将效度分为内容效度、结构效度和效标关联效度。本书进行内容效度的研究，通过专家分析的方法，定性分析测验题目对测验内容范围的代表程度。

职教高考的目的为适应产业转型升级和学校特色发展所需选拔技术技能人才，因此，职教高考的内容要适应新业态、新技术、新规范、新职业发展，遵循技术技能人才成长规律和能力建构过程，契合专业人才培养目标，高质量编制考试试卷、规范考试过程、科学统计分数，确保考试内容达到测试目标，有效反映被测试者能力的建构。

第二节　职教高考技能考试成效调研与分析

本节将以2021年山东省春季高考为例，对技能考试成效进行分析。2021年，山东省组织春季高考技能考试的高职院校共32所，共涉及18个专业大类。选取山东商业职业技术学院、日照职业技术学院、山东城市建设职业学院、山东职业学院、山东科技职业学院等12所高职院校，在参与技能考试的教师和学生中进行广泛调研，共收到教师有效数据47份，学生有效数据423份，教学管理人员有效数据39份。调研数据显示，教师和学生对春季高考技能考试内容和考试方式的认可度大致相当。

一、教师调研结果分析

（1）对技能考试命题质量的分析。通过调研发现，有72%的教师认为技能考试命题质量比较高，16%的教师认为命题质量很高，另有12%的教师认为命题质量一般。表明教师对目前技能考试命题较为认可，但仍有进一步提升、改进的空间。

（2）对技能考试难易程度的分析。有74%的教师认为技能考试难度适宜，23%的教师认为技能考试偏容易，高分段人数较多，另有3%的老师认为技能考试有一定难度，如图6-1所示。技能考试难易程度体现学生具备的技术技能水平和等级，是选拔学生的依据，技能考试偏容易或偏难，均不利于区分学生掌握的技能水平。根据调研结果，近1/3的教师认为目前技能考试有偏容易和偏难的情况，因此技能考试内容需进一步根据难易程度进行优化。

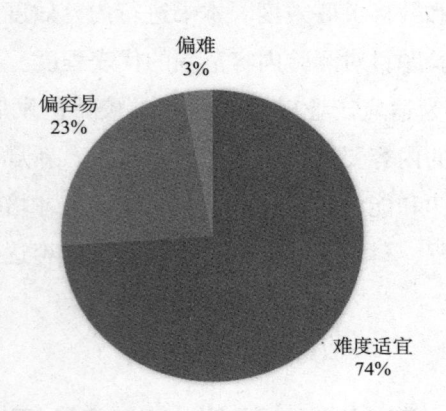

图6-1 教师认为技能考试难易程度的分布

（3）对技能考试区分度的分析。有41%的教师认为技能考试能稳定地反映考生的技能水平，能准确地鉴别出学生的水平高低；33%的教师认为技能考试基本能反映考生的技能水平，另有26%的教师认为不能反映考生的技能水平，如图6-2所示。表明多数教师认为目前技能考试难易区分度不显著，对学生技能水平高低的鉴别度有限，因此技能考试难易区分度需要进一步优化。

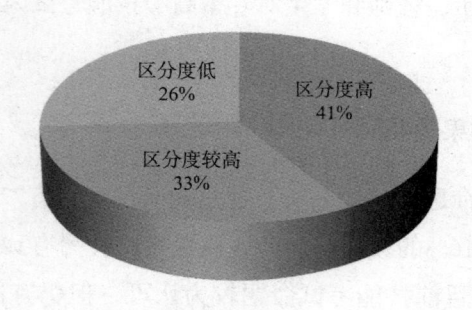

图6-2 教师认为技能考试区分度的分布

（4）对技能考试标准的分析。75%的教师认为技能测试标准能指导教师客观公正地评价，体现技能考试的公平性和科学性；25%的教师认为考试标准受环境、主观因素等影响，公正性等体现不足。技能考试评价标准与理论考试有所差别，较易受教师主观因素影响，从而影响评价的公正性。因此，技能考试标准还需要进一步细化，突出量化标准，同时要与难度和区分度结合，不断提升技能考试的公平公正性。

（5）对技能考试满足需求的分析。有41%的教师认为技能考试能反映想要考查的内容，重视学生解决问题和分析问题能力，55%的教师认为基本能体现想要考查的内容，另有4%的教师认为无法体现想要的内容。认为技能考试能反映想要考查的内容的教师占比不足一半，表明技能考试内容与专业发展需要和人才培养目标尚有一定差距。

（6）对技能考试形式的分析。有61%的教师认为技能考试形式比较多样化，有39%的教师认为技能考试形式单一。值得注意的是，认为技能形式多样的占比为0，说明技能考试的形式拘泥于传统模式，是亟待解决的问题。

（7）对技能考试企业参与度的分析。有58%的教师认为技能考试能在真实或模拟的工作情境中完成，且有企业参与考试过程，有36%的教师认为技能考试和工作岗位能力要求有一定差别，企业参与度低，另有6%的教师认为技能考试缺少企业的参与。

二、学生调研结果分析

（1）对技能考试反映技能水平的分析。通过调研发现，有40%的学生认为技能考试能反映自己的技能水平，45%的学生认为基本能反映真正的技能水平，另有15%的学生认为无法反映真实水平。

（2）对技能考试难易程度的分析。有65%的学生认为技能考试难度适宜，25%的学生认为技能考试偏难，另有10%的学生认为技能考试较容易，如图6-3所示。

（3）对技能考试区分度的分析。有50%的学生认为技能考试能稳定的鉴别个人的技能水平，35%的学生认为技能考试基本能反映自己的技能水平，另有15%的学生认为技能水平无法很好地反映自己的技能水平，如图6-4所示。

（4）对技能考试与工作岗位关系的分析。有59%的学生认为技能考试与工作

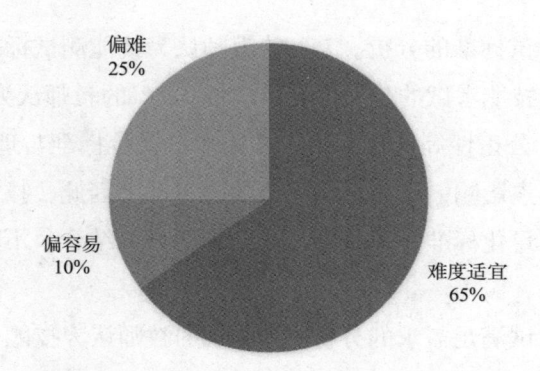

图6-3 学生认为技能考试难易程度的分布

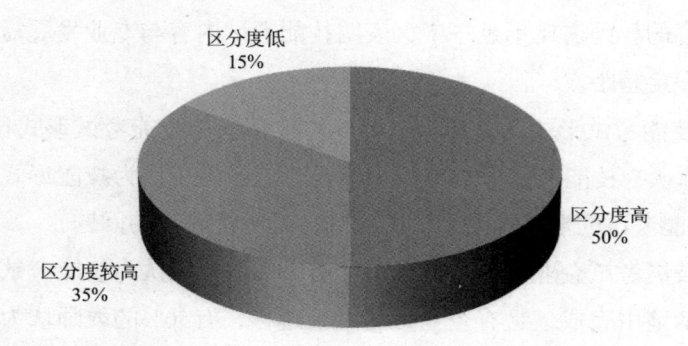

图6-4 学生认为技能考试区分度的分布

岗位有一定联系,是在真实或模拟的工作情境中完成的,有29%的学生认为技能考试和工作岗位联系紧密,另有12%的学生认为技能考试和工作岗位没有联系。

(5)对技能考试公平性的分析。有47%的考生认为技能考试能够体现测试的公平性,35%的考生认为考试基本是公平的,另有18%的考试认为技能考试不够公平。

(6)对技能考试形式的分析。有43%的考生对技能考试的形式满意,认为形式多样化,37%的考生认为形式比较多样,另有20%考生认为考试形式单一。

(7)对技能考试满足个性化需求的分析。有45%的考生认为技能考试基本能满足自己的个性化需求,32%的考生认为能满足个人需求,23%的考生认为技能考试个性化体现不足。

三、管理人员调研结果分析

(1)对技能考试命题质量的分析。通过调研发现,有50%的管理人员认为技能考试命题质量比较高，28%的管理人员认为命题质量很高，另有22%的教师认为命题质量一般，如图6-5所示。

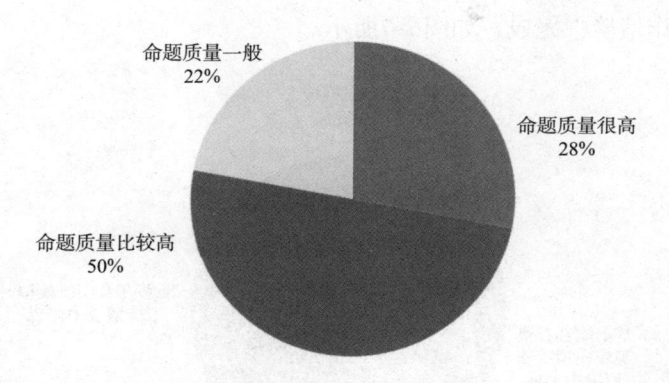

图6-5 管理人员认为技能考试命题质量高低的分布

（2）对技能考试难易程度的分析。有57%的管理人员认为技能考试难度适宜，43%的管理人员认为技能考试偏容易，调研的管理人员中没有人认为技能考试有难度。

（3）对技能考试区分度的分析。有75%的管理人员认为技能考试基本能够鉴别出考生的技能水平，25%的管理人员认为技能考试不能鉴别出考生的技能水平，值得注意的是，在调研的管理人员中无人选择技能考试能够准确鉴别出考生的技能水平，如图6-6所示。

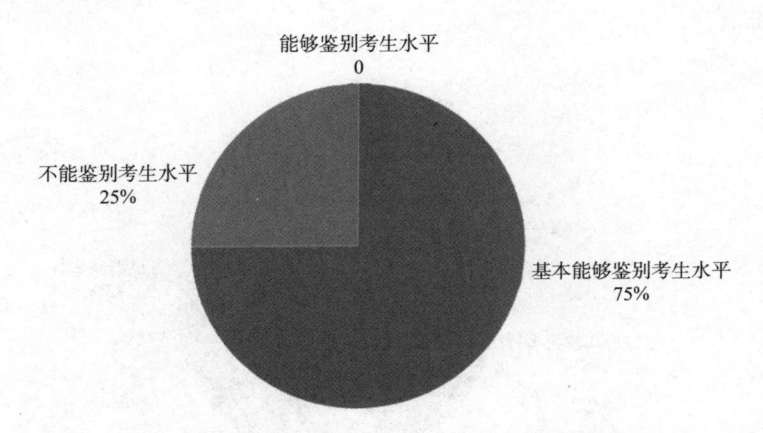

图6-6 管理人员认为技能考试能否鉴别考生技能水平的分布

（4）对技能考试反映工作情境的分析。根据调研结果，有47%的管理人员认为技能考试能够在真实或模拟的工作情境中完成，46%的管理人员认为技能考试基本能在真实或模拟的工作情境中完成，7%的管理人员认为技能考试不能在真实或模拟的工作情境中完成，如图6-7所示。

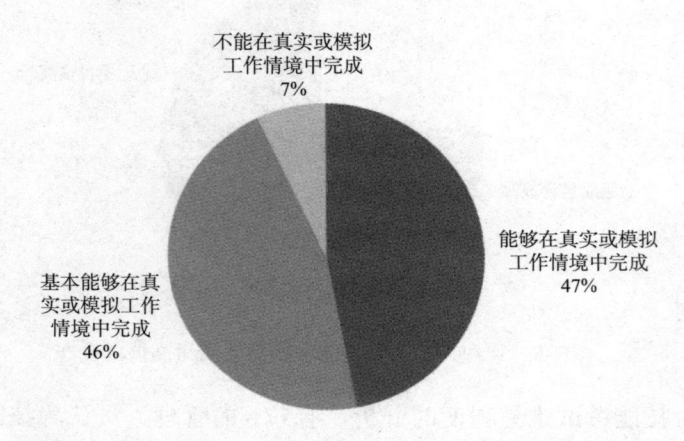

图6-7　管理人员认为技能考试能否反映工作情境的分布

（5）对技能考试公平性的分析。有48%的管理人员认为技能考试能够体现测试的公平性，52%的管理人员认为考试基本是公平的。

对技能考试形式的分析。42%的管理人员认为技能考试形式多样，48%的管理人员认为技能考试形式较多样化，10%的管理人员认为技能考试形式单一，如图6-8所示。

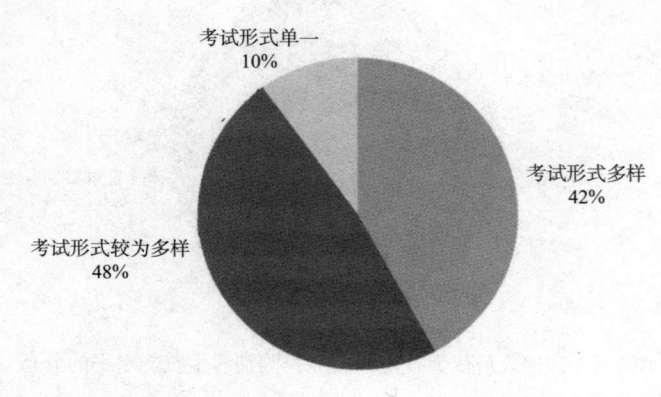

图6-8　管理人员认为技能考试形式多样化的分布

对技能考试满足个性化需求的分析。47%的管理人员认为技能考试基本能满足考生的个性化需求，28%的管理人员认为能满足考生需求，25%的管理人员认为技能考试不能满足学生个性化需要，如图6–9所示。

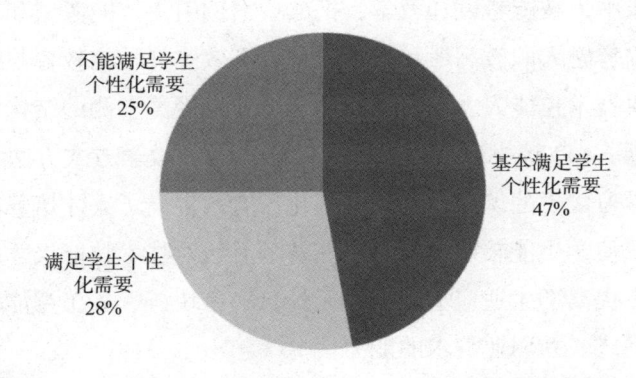

图6–9　管理人员认为技能考试满足考生个性化需求的分布

第三节　职业技能等级证书融入职教高考的探索

职业院校开展1+X证书制度试点，是彰显职业教育类型特征、增强职业教育适应性的重要制度设计，自2019年实施试点以来，对推进技术技能人才培养培训模式创新和评价模式改革产生了积极的影响。将职业技能等级证书标准融入职教高考和人才培养过程，并实施基于雷达图视域的育人效果评价，科学合理评价职业技能等级证书对夯实学生可持续发展基础、拓展就业创业本领的效果，对促进人力资本价值、提升技能输出质量具有积极的促进作用。

一、1+X证书制度对职业院校育人效果的影响

对1+X证书制度来说，政府在政策、资金和项目等方面加大投入力度，其产出是获得职业技能等级证书的学生数量，而效果则是产出带来的学生的发展、能力、素质等方面的变化。把职业技能等级证书标准和内容融入职教高考和人才培养全过程，对提高就业创业质量、提升职业技能和职业素养、激发学习兴趣、增强就业竞争力和发展潜力，从而缓解结构性就业矛盾，都有极大促进作用。

（一）增强学生职业岗位适应性

1+X证书制度是以职业技能等级证书为载体，将企业的职业标准与学校的专业教学标准、课程标准、实训条件建设标准等对接，把企业的新技术、新工艺、新规范、新要求纳入技能考试和教学，把典型案例引入技能考试和教学，把职业技能等级证书内容融入职教高考和教学过程，有效弥补学校教育与市场需求脱节问题，从而解决技术技能人才培养供给侧与产业发展需求侧的结构性矛盾。从学习者的视角来看，1+X证书制度通过深化教学内容、教学方式方法和评价模式改革，以及完善学习成果的认定、积累和转化，有效提高了人才培养的灵活性、适应性和针对性，使学生能较好地应对产业转型升级对技术技能人才能力结构和素质结构的变化，提高学生适应大数据、云计算、区块链、人工智能等新技术发展和新业态、新模式、新职业需求的能力。

（二）丰富学生职业技能

职业技能等级证书的内容聚焦于企业典型岗位（群）需要的职业素养、专业知识和职业技能，它反映了企业的职业活动和学生个人职业生涯发展所需要的综合能力，是学生具备某种专项职业技能或能力水平的证明。将职业技能等级标准融入职教高考和人才培养过程，使学生在成长过程中，能根据专业特征和个人发展需要，选择获取一个或者多个职业技能等级证书。因此，从学习者的视角来看，1+X证书制度使学生在获得"1"证书的同时，掌握多种新的职业技能，增强就业创业本领，提高就业竞争力。

（三）扩展学生就业渠道

职业技能等级证书面向的是现代农业、先进制造业、现代服务业、战略性新兴产业等技术技能人才紧缺领域，同时，遴选的职业技能等级证书培训评价组织均具有良好的校企合作基础，能联合行业头部企业，围绕新技术、新工艺、新规范和新要求，开发企业岗位（群）所需的证书和标准。因此，从学习者的视角来看，通过参加职业技能等级证书的学习和考核，能助力学生熟悉高端产业和产业高端复合型人才标准，为学生进入有影响力的国有企业和龙头企业提供更多机会，从而提高学习者的社会地位和薪酬待遇。

（四）激发学生学习潜力

考试招生制度改革使高职院校生源结构呈现多样性和多元化特征，不同类型生源具有不同的特质和学习习惯，势必造成同一专业的学生个性化差异较大。根据专业人才培养规格和职业技能等级证书标准，通过免修、整合、强化、新增等方法，将职业技能等级证书内容融入职教高考以及专业人才培养全过程，将引领行业发展的新技术和新工艺植入教学过程，将新规范和新标准引入评价过程，从而有效激发学生的学习兴趣。

二、以效果为导向的评价指标体系构建

本研究在经济合作与发展组织（OECD）提出的质量标准基础上，深入分析职业教育的类型特征和1+X证书制度对职教高考和人才培养的影响，从相关性、有效性、效率、影响、适应性、可持续性6个维度构建指标体系，对1+X证书制度的育人效果进行评价。一级指标共6个，分别为职业能力、学习成效、就业竞争力、核心能力、学习能力和发展潜力，分别对应18个二级指标，如图6-10所示。

相关性	有效性	效率	影响	适应性	可持续性
A1 职业能力	A2 学习成效	A3 就业竞争力	A4 核心能力	A5 学习能力	A6 发展潜力
B1 专业知识 / B2 职业技能 / B3 职业素养	B4 学业成绩 / B5 专业发展 / B6 个人成长	B7 创新能力 / B8 应变能力 / B9 执行能力	B10 与人合作 / B11 交流表达 / B12 解决问题	B13 学习动机 / B14 学习兴趣 / B15 学习策略	B16 发展自信心 / B17 自我监控 / B18 信息素养

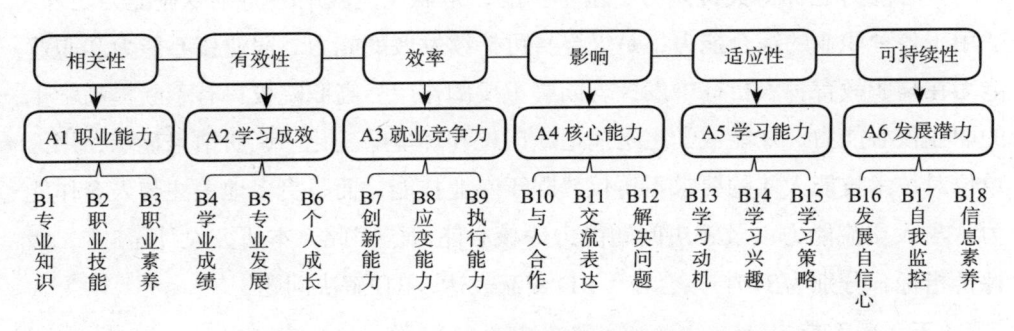

图6-10　1+X证书制度育人效果评价指标体系

（一）职业能力

职业教育是面向市场的就业教育，重视职业能力的培养是职业教育区别于其他类型教育的显著特征。职业能力是指个体将所学的知识、技能和态度在特定的职业活动或情境中进行类化迁移与整合而形成的、毕业后能够胜任所从事专业岗位工作所需具备的能力，是由素养、知识、技能等多个能力单元组成的复杂结构。本研究设计了3个二级评价指标，分别为B1专业知识、B2职业技能、B3职业素养。

（二）学习成效

艾斯纳认为，学习成效本质上是学生经过某种形式的努力最终所获得的预期或者非预期的效果，是衡量学生学习成果的重要指标。学习成效有两方面的

含义，一个是客观上的学习成果，另一个是主观上的情感状态。通过学习成效评价，能了解学生在完成专业学习后，学会和掌握了什么，运用所学能完成什么任务，解决什么问题，取得哪些进步等，本研究设计了3个二级评价指标，分别为B4学业成绩、B5专业发展、B6个人成长。

（三）就业竞争力

黄炎培先生说过，职业教育的目的就是"使无业者有业、使有业者乐业"，以市场需求为导向，提升学生就业竞争力，促进高质量就业是职业教育的重要使命，也是影响职业教育认可度和满意度的关键因素。就业竞争力可以理解为学生具备的恰好符合市场需求、对企业具有吸引力、优于其他就业对象的能力。本研究设计了3个二级评价指标，分别为B7创新能力、B8应变能力、B9执行能力。

（四）核心能力

核心能力也称为关键能力、基本技能，是职业生涯中除岗位专业能力之外、适用于各种职业的综合能力，是人终身可持续发展的能力。职业核心能力和职业能力在高职教育育人目标中发挥着同等重要的作用。高职院校只有不断提高学生的职业核心能力，才能使学生迅速适应岗位和环境的变化。调研结果显示，用人单位对技术技能人才的要求不再仅局限于专业技能，而是更多地关注与人合作能力、与人交流能力以及解决问题能力等核心能力。因此，本研究设计了3个二级评价指标，分别为B10与人合作、B11交流表达、B12解决问题。

（五）学习能力

学习能力是高职学生所有能力的基础。美国预言家阿尔文·托夫勒指出："未来的文盲不再是目不识丁的人，而是没有学习能力的人。"学习能力是人们在正式学习或非正式学习环境下，自我求知、做事、发展的能力。本研究设计了3个二级评价指标，分别为B13学习动机、B14学习兴趣、B15学习策略。

（六）发展潜力

发展潜力是人的生理、心理可能具有但尚未实现的能力。美国心理学家马斯洛认为，人类具有大量尚未利用的潜力，人的本质中有一种发展的趋势，同时也有倒退、害怕发展、不能自我实现的反趋势。高职院校学生由于对自身价值体现较为迷茫，没有养成良好的学习习惯，因此，要使学生在良好的环境和教育条件下，激发自我实现的强烈需求，使学生的潜能发展达到前所未有的高度。本研究设计了3个二级评价指标，分别为B16发展自信心、B17自我监控、B18信息素养。

三、职业技能等级证书融入考试和培养过程的效果

雷达图分析法是综合评价中常用的一种方法，尤其适用于对多属性体系结构描述的对象做出全局性、整体性评价。这种方法考虑了被评价对象的不确定性和多元化，将定量的数据分析以定性的结果显示出来，把不同类别指标在同一平面中进行横向直观对比评价。本研究在雷达图视域下，以山东省某高职院校食品类专业的粮农食品安全评价职业技能等级证书（中级）为例（该证书主要针对粮农食品安全评价相关科研机构和企事业单位，面向快速消费品检测、认证等行业食品质量安全检测相关中级工作岗位，制定相关标准，培养并考核学生的相关职业技能），从定性和定量的角度，分析职业技能等级证书对学生发展的影响。

（一）学生调研

本次调研的范围主要是食品类专业二年级和三年级学生，共下发问卷125份，有效数据121份。用0~100的数字代表学生对某项能力的掌握情况，学生根据给定的赋分标准，对问卷给出的每一个评价指标进行赋分。根据学生的赋分结果，可以评价每个学生能力的进步趋势，同时，通过计算每个指标因素的平均值，监测学生能力发展的均衡情况。二级指标和三级指标得分情况见表6-1。

表6-1 职业技能等级证书育人效果各项指标得分情况

一级指标	获得证书	未获得证书	二级指标	获得证书	未获得证书
A1职业能力	91.08	80.46	B1专业知识	88.31	81.96
			B2职业技能	91.86	82.71
			B3职业素养	91.21	83.76
A2学习成效	88.53	82.58	B4学业成绩	88.51	84.81
			B5专业发展	88.96	84.56
			B6个人成长	92.76	84.51
A3就业竞争力	93.12	78.96	B7创新能力	89.51	84.26
			B8应变能力	91.01	85.56
			B9执行能力	89.86	82.61
A4核心能力	85.76	81.55	B10与人合作	91.36	83.91
			B11交流表达	90.36	86.41
			B12解决问题	90.61	84.52
A5学习能力	84.83	80.87	B13学习动机	89.86	85.56
			B14学习兴趣	88.66	88.16
			B15学习策略	89.66	85.66

续表

一级指标	获得证书	未获得证书	二级指标	获得证书	未获得证书
A6发展潜力	80.92	76.69	B16发展自信心	90.71	85.31
			B17自我监控	88.21	86.01
			B18信息素养	89.21	84.66

（二）定性评价

以一级评价指标的个数为基数画两个同心六边形，分别代表获得职业技能等级证书学生的自我评价和未获得职业技能等级证书学生的自我评价，如图6-11所示。其中，实线和虚线分别代表获得证书和未获得证书学生的能力发展情况和学习成效。

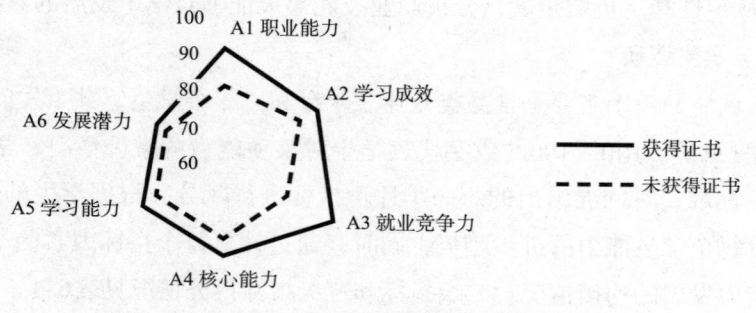

图6-11　6个一级指标的雷达图

从图6-11的雷达图分布看，1+X证书制度对技术技能人才的培养质量起到了较好的促进作用，尤其是学生的就业竞争力和职业能力成效明显，提升幅度达到17.9%和13.2%。说明在服务学生高质量就业方面发挥了显著作用，学生通过获取职业技能等级证书，及时掌握了企业的最新技术和标准。同时，将职业技能等级证书标准和课程标准融合，提高了学生的学习兴趣和学习积极性，取得良好的学习成果，学生的学习能力和学习成效提升幅度达到4.9%和7.2%。在技能考试和教学过程中融入职业技能等级证书内容，学生在学习专业知识，习得专业技能的同时，培养了与人合作能力、沟通交流能力和解决问题能力，树立了发展自信心，学生的核心能力和发展潜力提升幅度达到5.2%和5.5%。

（三）定量评价

在雷达图综合评价中，可以通过计算雷达图的面积和周长，全面反映评价对象的综合水平以及各指标的均衡发展程度，面积S_i为雷达图折线与数轴构成的三角形面积之和，周长C_i为指标各点连线之和。多边形面积和周长的计算表达式：

$$\begin{cases} S_i = \sum_{j=1}^{k} \dfrac{1}{2} n_{ij} n_{i(j+1)} \sin\alpha \\ C_i = \sum_{j=1}^{k} \sqrt{n_{ij}^2 + n_{i(j+1)}^2 - 2 n_{ij} n_{i(j+1)} \cos\alpha} \end{cases}$$

式中：n_{ij} 为第 i 个对象第 j 个评价指标的大小；$\alpha=360/k$，k 为指标个数。

雷达图围成的图形面积越大，说明学生能力发展和学习成效总体优势越明显；雷达图围成的图形面积越小，表明优势越小。如果雷达图围成的图形面积一定时，多边形周长越小，越趋近于正多边形，各指标数值趋于相等，说明各项指标发展均衡；多边形周长越大，说明各指标数值差异性较大，各项指标发展不协调。

根据上面公式和表6-1数据，分别计算获得职业技能等级证书和未获得职业技能等级证书育人成效雷达图的周长和面积，计算结果比较见表6-2。

表6-2　不同年级学生学习能力雷达图的周长和面积比较

比较项目	获得证书	未获得证书
周长	563.97	527.42
面积	25048.97	21936.08

由于两种情况下雷达图面积相差较大，因此，要借助于雷达图和周长共同分析学生各项能力发展和学习成效的均衡性。育人成效二级指标雷达图如图6-12所示。

由图6-12可知，获得证书学生各项指标围成的雷达图面积远大于未获得证书学生，增幅达到14.2%，尤其是学生的职业技能、个人成长、职业素养、与人合

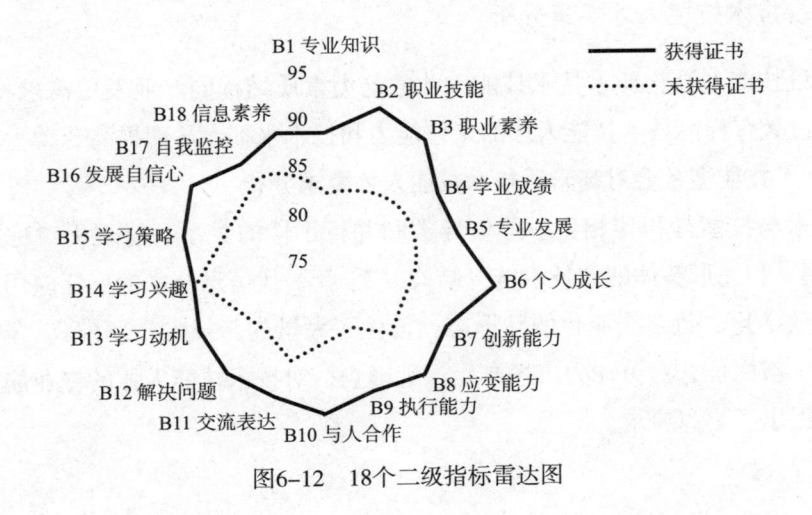

图6-12　18个二级指标雷达图

作、执行能力等指标成效明显，提升幅度分别达到11.06%、9.76%、8.89%、8.88%和8.78%，说明1+X证书制度有效提升了学生的发展能力和就业能力，能较好地服务学生全面发展和高质量就业的人才培养目标。

从雷达图的周长看，虽然未获得职业技能等级证书的育人成效雷达图周长较小，但是，从图6-12可以看出，各指标之间差异较大，说明学生各项能力发展不均衡；获得职业技能等级证书的育人成效雷达图周长虽然较大，但是各项指标值明显增大，且指标之间的差异减小，说明学生各项能力发展均衡，且各项能力发展趋于稳定，雷达图近似正十八边形。

第四节　技能型社会背景下提高职教高考效度的策略

能力本位评价是职业教育作为一种教育类型的重要特征，因此，职教高考要从分析各专业大类对应岗位群的职业能力入手，分专业大类建设考试题库，并确保不同专业、不同工种或科目的测量基准和难易程度相当。职教高考是为经济社会发展和高等职业学校选拔合适的技术技能人才，因此，要在分析技术技能人才素质特征的基础上，通过优化考试内容、考试方式、考试标准等，提高技能考试测试目标达成度和效度。同时，职教高考改革倒逼高职院校深化教育教学模式改革，以适应培养对象多样化需求。

一、技术技能人才要素分析

建设技能型社会要求技术技能人才的能力素质结构同产业发展需求相适应，要求通过教育提高技术技能人才的工作能力和技术水平，从而提高劳动生产率。

（一）技能型社会对高素质技术技能人才要求分析

技术与技能是相伴相生、等值异类和并行不悖的关系，呈现出对称共生的"技术耦"和完形整体的"技术链"结构[16]。新一代信息技术的广泛应用，形成了产业数字化、数字产业化的新形态，衍生了大量的新技术、新模式、新业态、新职业、新岗位，对劳动力市场产生深远影响，对技术技能人才的专业能力和职业素养提出了更高要求。

1. 从劳动经济学视角分析

技能是促进国家经济发展的动力。在经济增长的理论视域中，投资劳动力的技能和素质提升，建构技能型社会才能匹配技术进步下全产业链的发展需求[4]。我国已转向高质量发展阶段，新一轮科技革命和产业变革深入发展，产业结构变化必将带动就业结构变化，进而带来人才结构变化，迫切需要大批高层次、复合型技术技能人才的支撑。为解决劳动力结构和劳动力供求之间的矛盾，对高素质技术技能人才除了要求掌握扎实的专业知识和技能外，还要具备将现代化的信息技术运用于产品研发、成果转化、高效生产和精细管理等领域的能力和素质，具有坚定的理想信念、高尚的道德情操、严谨的工匠精神和开拓的创新精神。职业教育要关注所有劳动力的专业知识、职业技能、职业素养、发展潜力的形成过程，在保证技能习得质量的同时，缩短技能形成周期，并通过技能水平的提升适应技术进步和产业转型升级需要。

2. 从人力资本理论视角分析

技能是提高劳动生产率的基础，建设技能型社会要求技术技能人才具有较高技能水平。美国经济学家舒尔茨认为，现代农业增长的重要原因从土地、劳动力或资本存量的增加变为人的技能提升与知识增加。技能型社会就是推动劳动者从初级劳动市场进入次级劳动市场，帮助劳动者更牢固地把握好自己的职业生涯发展[1]。新时代高质量发展关键在于高水平的人力资本，技能型人力资本是重要的组成部分。对人力资本的投资包括正规教育、在职培训、迁移和健康投资等，因而，建设技能型社会要求实施技能启蒙、技能养成、技能提升、技能补偿等全生命周期的技能教育，职业教育要坚持教育与劳动紧密结合，将质量作为生命线，建立适应技术技能人才个性化、多样化、终身化发展需求的现代职业技能培养培训体系，打造多元化、多层次的技能学习路径，为人人接受职业教育与培训创造机会，为技能升级和转化搭建立交桥，不断提升技术技能人才的专业能力和技术水平。

3. 从教育学理论视角分析

技能是人才培养质量的重要表现，建设技能型社会要求技术技能人才具备较强的岗位适应能力。将技能形成放在教育学理论体系中，技能则是学习者经过系统学习和实践后形成的成果，体现在教师教与学生学的全过程。因此，与技能形成相关的办学定位、培养方案、教学标准、教学内容、教学方式、评价模式等，都将影响职业院校技能供给的适应性，表现为职业教育不仅要使学生具备系统的知识，还要形成一定的技能[1]，这也是职业院校人才培养质量的重要表现。这就要求职业院校加强产教融合、校企合作的广度和深度，提高办学层次和办学质量，构建现代职业教育体系，推动技能型社会建设，持续深化教育教学改革，革新教学理念，利用信息技术，创新教学方式，推进评价模式改革，确保人才培养与市场需求相对接，使职业教育成为经济社会发展不可或缺的组成部分，显著提高职业教育吸引力和人才培养质量。

（二）技术技能人才要素分析

建设技能型社会对技术技能人才的要求从"培养数以亿计的工程师、高级技工和高素质职业人才"升级到"建设知识型、技能型、创新型劳动者大军"。职业教育作为与国民经济和社会发展最为紧密的教育类型，培养的技术技能人才能力素质受经济社会发展和产业结构调整的深刻影响，因而，其要素模型必须遵循职业教育职业性、跨界性、实践性、全纳性特征，适应技能型社会需求，厘清技术技能人才的能力素质要素。

1. 构建技术技能人才要素指标

在对行业、企业、职业院校广泛调研的基础上，基于职业教育类型属性，根据产业转型升级对高素质技术技能人才需求分析，从价值观、理论知识、职业技能、职业素养、发展潜力五个维度，设计高素质技术技能人才核心要素的一级指标，分别对应爱岗敬业、责任担当、工匠精神、公共知识、专业知识、拓展知识、任职资格、专业技能、创新能力、学习能力、解决问题、团队合作、人际交往、适应能力、方法能力、管理能力16个二级指标，如图6–13所示。

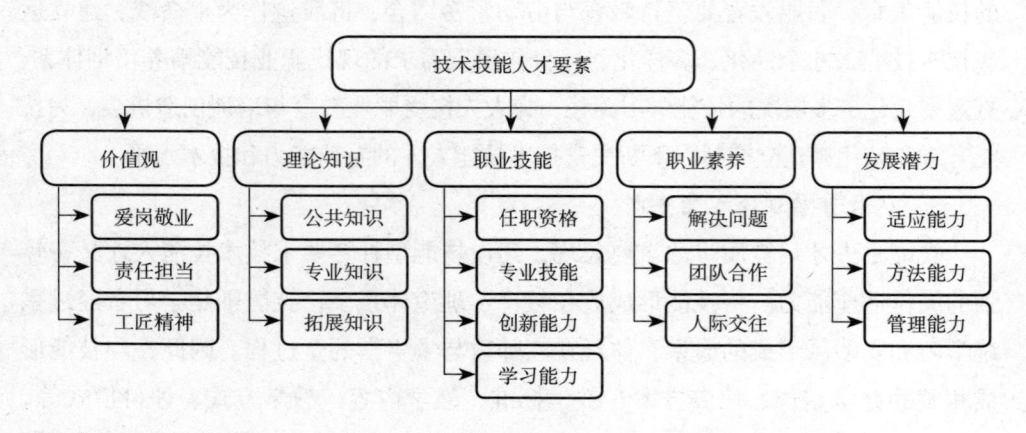

图6–13 技术技能人才要素指标

2. 构建线性回归模型

回归分析是研究变量间相关关系的数理统计分析方法。本文以技术技能人才培养的若干核心要素为自变量，对技术技能人才的影响为因变量，通过对数据的分析研究，寻找变量间存在的依赖关系，并对多个自变量和因变量之间的关系进行数学建模。

设因变量Y与m个自变量x_1，x_2，…，x_m之间的线性关系式为：

$$Y=\beta_0+\beta_1x_1+\beta_2x_2+\beta_3x_3+\cdots+\beta_mx_m+\varepsilon$$

式中：x_1，x_2，…，x_m为可以精确测量或可以控制的一般变量，Y是可以观测其值的随机变量，β_0为回归参数，β_1，…，β_m是未知的回归系数，ε为服从均值为0正态分布的误差。

3. 确定技术技能人才核心要素

本研究选取50名专家（包括职业教育专家10人、二级学院系主任10人、专业负责人10人、行业企业专家20人）的调研数据进行分析。每个专家对影响高素质技术技能人才的16个二级指标分别赋分，获取模型的样本值。

假设Y代表对高素质技术技能人才培养的影响，x_1，x_2，…，x_{16}分别代表爱岗敬业、责任担当、工匠精神、公共知识、专业知识、拓展知识、任职资格、专业技能、创新能力、学习能力、解决问题、团队合作、人际交往、适应能力、方法能力、管理能力16个要素，建立线性回归模型：

$$Y=\beta_0+\beta_1x_1+\beta_2x_2+\beta_3x_3+\cdots+\beta_{16}x_{16}$$

用Matlab软件进行逐步筛选作多元回归分析，将回归系数显著性F检验的相伴概率值小于0.05的自变量引入回归方程，大于0.1的自变量剔除回归方程。得到：

$$Y=-8.35+0.39x_1+0.62x_3+0.51x_5-0.28x_8+0.43x_9-0.21x_{10}+0.36x_{12}+0.47x_{14}$$

因此，经筛选后高素质技术技能人才的核心要素为：爱岗敬业、工匠精神、专业知识、专业技能、创新能力、学习能力、团队合作、适应能力8个指标，如图6-14所示。与《关于推动现代职业教育高质量发展的意见》中"坚持立德树人、德技并修""切实增强职业教育适应性，建设技能型社会，弘扬工匠精神""培养更多高素质技术技能人才、能工巧匠、大国工匠"的要求基本吻合，所选指标适切性强。

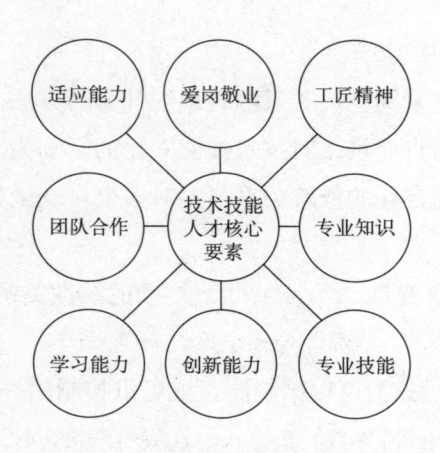

图6-14 技术技能人才核心要素

（图中要素：适应能力、爱岗敬业、工匠精神、团队合作、技术技能人才核心要素、专业知识、学习能力、创新能力、专业技能）

二、职教高考技能考试发展策略

根据技术技能人才要素构成，在进行职教高考改革尤其是职业技能考试改革时，应紧密结合技能型社会对技术技能人才素质要求，优化考试内容、考试方式、考试标准。

（一）优化考试内容，增强职教高考适应性

考试内容的优化能提高职教高考的区分度，使测试具有适中的难度，提高测试的可测量性，实现选拔合适技术技能人才的目的。一是职教高考的技能考试部分要选择职业岗位真实的工作项目（任务），适应技术进步和生产方式变革需要，通过设计多个可供选择的不同测试项目，保证测试具有良好的难度和区分度。二是考试内容要依据招生专业（群）的人才培养方案，与人才培养目标和培养规格吻合，将专业知识、技能和素养融入不同的测试项目中。三是考试内容要契合被测试者的学习基础、学习习惯、思维方式等差异化学情特征，注重服务其全面发展和个性化成才，拓宽职业空间，使被测试者能根据个人的兴趣爱好，选择发挥个人技能专长的测试项目。

（二）优化考试方式，提高职教高考效度

职教高考单一固化的考试模式在很大程度上限制了技术技能人才的入口质量，从而影响考试的效度。职教高考要以多元智能理论为指导，根据每个被测试者都具有自身优势和特点，并有自己独特的表现形式，以学生的能力本位为导向，注重考试的针对性和专业性，使学生在设计的真实或模拟的工作岗位情境

中，运用已有的知识解决某个新问题、创造某个作品、完成一个生产过程、模拟一项经营服务等，测试学生知识与技能的掌握程度，以及分析问题、解决问题、交流合作和批判性思考等能力，提高技能考试效度，选拔出适应产业发展需求的技术技能人才。

（三）优化考试标准，提高技能考试信度

我国已进入新的发展阶段，产业升级和经济结构调整不断加快，新产业、新业态、新商业模式不断涌现，对技术技能人才的能力结构和素质结构提出了新的要求。因此，职教高考的考试标准要契合职业能力标准，提高考试信度。职教高考要有相关行业和头部企业全程参与考试命题和标准制定，使考试标准与职业岗位要求相匹配，从"入口"解决校企合作不紧密的问题，从根本上实现学校、学生和企业共赢、共生。同时，考试标准要与职业技能等级证书标准结合，与职业资格证书标准结合，确保知识与技能的实用性及有效性。另外，考试标准要以质性评价与量化评价相结合，并以量化评价为主，减少评分人员主观因素的影响，确保职教高考的公平性和公正性。

三、高职院校应对职教高考改革的路径

职教高考改革倒逼高职院校深入研究本校生源的结构特点，采取相应策略加强专业（群）内涵建设、重构人才培养体系、创新人才培养模式，以适应培养对象多样化的需求，全面提高人才培养质量。

（一）坚持立德树人，树立科学的人才观和质量观

立德树人是教育的根本任务，推进教育现代化的首要任务就是实施新时代立德树人工程。高职院校必须将培育和践行社会主义核心价值观融入高职教育人才培养全过程，培养学生坚定理想信念、坚守社会道德，培育学生工匠精神、创新意识和就业创业能力，将提高职业技能和培养职业精神高度融合。高职院校主动适应职教高考制度改革，树立科学的人才观和质量观，贯彻"人人皆可人才，人人尽展其才"的教育理念，培养多样化的人才、全面发展的人才；制定科学的教学评价标准，使学生"人人有增量，人人有进步"，营造"不唯学历凭能力""行行出状元"的环境，成就每个高职学生的出彩人生，培养高素质的复合型创新型技术技能人才。

（二）深化产教融合，吸引行业企业参与考试招生全过程

深化产教融合，发挥企业重要主体作用，提高行业企业参与办学程度，促进人才培养供给侧和产业需求侧结构要素全方位融合，是新时代办好高职教育的关键所在。校企协同育人要求行业企业参与人才培养的全过程，不仅是"培养"和"出口"，还包括"入口"。而目前行业企业参与高职院校考试招生的力度还不够深入，急需采取多种举措不断深化产教融合。一是在完善"文化素质+职业技能"的考试招生过程中，行业企业参与考试流程和考试试题制定的全过程，并参与评价职业技能的考试，从而保证从"入口"即为企业选拔人才。二是大力推行现代学徒制，将企业的招工条件和学校的招生要求融合，充分体现企业的育人主体作用。三是加大社会和行业的监督作用，高职教育相对于普通教育而言，具有更强的职业性，和市场、行业的联系更为紧密，因此，其考试招生更应该接受社会的监督。

（三）坚持因材施教，创新适合个性发展的人才培养模式

山东省高职普通批征集志愿投档，连续两年共投出考生分别为13209人和15685人，而文科最高分分别为501分和536分，最低分170分；理科最高分分别为479分和463分，最低分170分，考生文化基础差别较大，最高分分别是最低点的2.9倍和3.2倍。面对入学成绩差异巨大的学生，高职院校必须坚持因材施教。一是开展分类培养、分层教学，构建"平台+模块"课程体系，探索实现兴趣、专业与就业一致。二是当中高职贯通培养、对口招生等生源占比达到40%时，实施中职毕业生和高中毕业生分班教学，有针对性地制定人才培养方案，充分发挥每个学生的特长和潜力。三是根据学生培养需求多样化特点，大力实施现代信息技术融合教育教学，构建网络化、数字化、个性化、终身化教育体系，以学习者为中心，着力开展自主、合作、探究式学习，实现"人人皆学、处处能学、时时可学"。

（四）构建多样化人才培养体系，搭建多路径成才"立交桥"

针对多元化的生源结构，高职院校必须制定多元化的培养目标，即以技术技能人才为主体特征，培养可以继续深造的工程技术人才、具有技术提升后续力的技术应用人才和具有技术专长的一线高级技能人才。按照"适应需求、面向人人、有机衔接、多元立交"的思路，构建多样化人才培养体系，为不同学生创设多种成才路径，满足学生系统成才和多样化成才的需求。一是根据多元化"入口"，帮助学生做好学业和职业生涯发展规划，基于个人的兴趣、爱好、知识结构和能力差异，确定发展方向，挖掘成长潜力。二是运用多元智能发展理论，构建个性化培养方案,实现个性化成才。三是针对多需求"出口",设置动态调整的课程体系,学生根据就业、升学等去向差异,按需选课,实现个性发展。

(五)实施弹性学制和学分制管理,建立柔性教学管理制度

考试招生制度改革需要高职院校改革原有"学校为本位、教师为主体"的教学管理模式,全面构建适应学生个性化发展、多路径成才、刚性和柔性有机结合的教学管理制度。一是实施完全学分制,建立"学分银行",建立个人学习账号,完善灵活的课程体系和选课制度,学生根据专业知识结构和个性化培养目标,自主选择课程学习,建立学分互换和认证体系,推进学习成果积累与转换。二是探索试点弹性学制,尊重学生个体化差异,将学制适当缩短或延长,学生根据自身的学习能力和发展需求,制定个性化的学业计划,分阶段完成学业。三是开展多元化发展性评价和增值评价,引入多方评价主体,加强职业核心能力考核;建立学生成长记录档案,探索实施增值评价,鼓励引导学生尽一切努力,做最好的自己。

第七章 国外职业教育考试的借鉴

国外发达国家的职业教育为社会发展做出了巨大贡献,其中,完善的高等职业教育入学体系起着至关重要的作用,同时也为我国职教高考改革提供了启示和借鉴。

第一节 德国职业教育考试招生经验

德国主要实施三种高考类型:普通高考、专业高考和职教高考。其中,普通高考主要面向普通高中毕业生,专业高考主要面向社会人员,而职教高考主要面向中职毕业生。通过普通高考或专业高考的考生主要进入综合性大学,通过职教高考的考生则主要进入应用技术大学。德国职教高考制度自1967年建立以来,有效促进了德国应用技术型人才完整培养体系的形成[71]。德国作为世界职业教育发达国家的代表,突出以企业为主导,学校与企业相互配合完成人才培养。"双元制"职业教育考试组织权威,接受"双元制"职业教育的学生在经过严格训练后,要接受全国统一的结业考试。德国职教高考由文教部长联席会统一规划并制定全国考试标准,各联邦州细化具体实施办法。

一、招生机制灵活

德国"双元制"招考对象分布广、层次多、口径宽。根据德国文教部长联席会规定,职教高考的招考对象是专业高等学校、职业专门学校、专业学校和职业学校的毕业生等,既包括文理高中或者专业高中的应往届毕业生,又包含了应往届中职院校的毕业生,还招收大量的在职人员和失业人员。

德国的高职院校原则上不举办统一的招生考试,不设置入学考试,只要拥有高中毕业会考文凭或毕业证书均可通过申请进入高等职业院校学习。中等职业学校毕业的学生在毕业时如果各方面成绩合格,将获得中等教育毕业证书。毕业生可选择直接就业，也可以通过补习得到相应的证书获得进入高等院校学习的资格[72]。

高职院校招生的数量由市场需求及企业发展的需要决定，其中，学生的能力、意愿、兴趣和企业的实际需要为主要的标准和参照，在此基础之上，德国政府及各类职业院校不再为入学设置其他考试，企业、学校和政府都会尽量满足大众的学习需求。

此外，为保障中等职业教育毕业生进入高等职业教育的权利，在常规职教高考的基础上，文教部长联席会允许各州开设特殊考试路径，为考生提供多样化升学机会。一般情况下，特殊考试路径仅适用于联邦州范围内。

二、招生模式以企业为主导

德国的"双元制"贯穿整个职业教育过程，而承担主要责任的是企业，从招生开始企业就大力参与，学生在企业接受培训的时间要多于在职业院校学习的时间，企业还需要承担学生大部分的教育费用。

德国"双元制"的职业教育中招生工作主要由企业完成，企业根据市场需求及企业发展规划向社会公布招收学员的信息，学生可根据自己的能力和兴趣选择自己意愿实习的企业，企业通过网上在线测试、现场的计算机测试、现场面试等步骤，从中选拔出适合的学生，并与企业签订培训合同，企业根据学生的岗位性质、家庭住址及本人意愿为学生选择一所职业学校，让学生学习相关的文化课程和专业理论课程，或者直接通过工商行会选择职业学校，学生就具有了学徒与学生的双重身份，学校传授知识，企业负责培训。

三、考试设置包括在校学习考核和实践考核

根据文教部长联席会规定，德国职教高考包括在校学习考核和实践考核两部分，考试形式包括笔试、口试和实践操作。

在校学习部分的考核围绕德语、外语、数学—自然科学—技术科学领域三类学科在职业领域的运用展开。其中，德语考试内容是基于阅读理解解决相关问题，或根据注释、观点解释专业文献类文本，考试时间至少3小时，考试形式为笔试。外语考试内容是基于一个或多个文本回答事实性问题，以及表达个人观点，另外要求完成相应的翻译，考试时间至少1.5小时，考试形式为笔试。数学—自然科学—技术科学领域考试内容主要测试学生是否具备选择和运用恰当的

数学、自然科学或技术的方法，独立解决和完成复杂任务的能力，考试时间至少2小时，考试形式为笔试。在三门学科的考试中，要求对其中一门进行口试，口试在考试评判会上进行，对技术工作的书面部分进行展示与解释。

实践考核是由手工业行会、工商业行会等组织的职业资格考试或企业培训认证。在全国范围内，德国通过职业教育法、行会规定对允许提供培训的企业、培训内容、培训结果认证等做了详细规定。学生完成相应的企业培训与实践后，才可以参加最终的实践考核。实践考核主要考查学习者是否掌握相关的职业行动能力。

德国职业院校的入学模式强调对于学生职业技能基础的要求。德国高职院校虽然不设置入学考试，但是通过对入学资格的要求保障了生源质量，既具有相当的文化基础，又具备了一定的技能基础。高中毕业生可通过参加相关的培训机构补习实践技能知识，弥补职业实践的不足，进行至少3个月的实践经历。中职毕业生则需要在职业补习学校学习文化知识，填补文化基础的不足，达到高中阶段的学历标准，这种双重入学资格确保学生在入学时具有相当的知识与技能，保障了毕业生的质量，培养出符合市场需求的高素质技能型人才[73]。

四、技能考核实现考教分离

德国的技能考核真正实现了考教分离，考核组织和评分都是由行业协会组织专业人员形成考试委员会，严格按照德国职业教育法完成考核的监考与改卷工作并发放证书。理论考试的绝大部分内容都与实践考试相关，适用性强，学生必须依照实践考试去完成。受培训者在行业协会的监督下进行职业资格考试，考试包括长达十几个小时的实践技能考试和总时间为5~6小时的专业理论知识考试，考试合格才能获得证书。技能考试内容灵活，包括本专业所需要的各种技能，主要测试学生对自己的工作合理安排的能力、与其他学院协同工作的能力、合理利用设备资源的能力、自我评价的能力。

第二节 英国职业教育考试招生经验

英国《1944年教育法》规定，根据学生年龄、能力和性向即"3A"标准分配学生进入不同种类的学校。国家强制性规定以"11岁考试"作为基础教育分流的依据,根据考试成绩将学生分入不同类型的学校。考试成绩优异者进入偏重学术、旨在升学的文法中学;考试成绩逊色者进入偏重技能、旨在职业教育的技术中学。这种教育考试制度提供了通向不同社会阶层的途径,强化了英国资本主义社会的经济分层。1967年,英国政府取消了"11岁考试",实现无差别教育,避免社会两极分化,使国民教育水准趋同一致[74]。随着经济全球化的不断深入,英国转变了过去"重学术轻技能"的教育思想,逐步深化职业教育改革,形成了丰富且独特的教育模式[75]。

英国现行的职业教育是以职业资格课程为中心的,课程及考试均围绕职业资格开设。英国职业资格制度最重要的特色在于打破了传统的职业资格评定方式,不再限于知识和技能的简单考试,而是以收集并判断证据是否符合职业能力标准为主的考核认证过程。

一、招生范围广

英国鼓励终身教育,继续教育学院招生范围广、年龄宽,不仅面向应届生,同时还面向社会全体公民。

英国职业教育中应届生占比最大,应届中学生需要参加全国统一标准的普通中等教育证书(GCSE)考试,试卷采用分等级试题,通过等级评定对学生实现分流,确保学生在毕业时取得资格证书,为升学或就业奠定基础。GCSE考试除了英语、数学等必考科目外,选考科目由考生个人选择而定。GCSE考试共设50多门专业科目,如家政、烹饪、电工技术等。对于不满足普通高中入学要求的学生,可以凭借GCSE证书进入社会选择就业或者就读技术学校。

职业院校考试还面向需要提升职业技能的全体公民。英国终身教育体系鼓励全民终身学习,不论年龄大小还是学历水平高低都可以通过培训提升个人能力,获得相应的资格证书。英国的职业技能培训学校培训方式灵活,公民可以根据自身兴趣、特长以及个人技能需求,参加社区培训或者企业培训提升个人专业技能,并获得相应资格证书。公民教育主要由社区继续教育学院承担,面向整个社区,为在职人员、需要更换工作者提供职业培训,也为需要提升个人职业能力的成年人提供相关专业技能课程,形成了为全体公民提升学历和获取职业资格证书的教育通道[75]。

二、入学重视资格证书

在英国，只要拥有"国家资格证书框架"（NVQ）中第三级的证书（包括普通证书考试和职业证书考试两大类），申请者就有机会进入多科技术学院学习高等职业技术教育课程。英国学生要进入高等教育学校学习，既可以选择普通教育的高级水平或高级辅助水平考试学术型证书，也可以选择商业与技术教育委员会（BTEC）的职业型证书[76]。

英国国家职业资格证书制度的专业标准以职业岗位技能培训为基础，主要考查个人技术能力，并非过多关注理论知识。英国国家职业资格（NVQS）考试不追求卷面成绩，而注重实际工作成果。较少设置笔试，根据不同专业确定不同的专业标准，从而更为真实、客观、人性化地评判考生能力。英国职业资格的考评需要考生提供工作能力证据，考生要通过现场或模拟现场操作来展示从事实际工作和解决问题的能力。另外，需要考生提供辅助性证据，考生要通过口头回答、闭卷考试、笔试等方式来展示是否理解工作的基本原理。同时需要考生提供以往学习成果证据，考生要提交自制产品、作业、论文、报告以及经认可的成绩证明等，作为个人能力的补充证据。

考评员按考生申请的岗位和等级所对应的每一项能力要素的操作标准，客观地判断在评定过程中所观察和搜集的证据材料是否符合考评能力要素和标准，以决定是否授予相应证书[77]。

在中职生的入学机制方面，英国没有统一的入学考试，但是，并不要求中等职业学校毕业的学生参加补习班获得相应的证书，以取得进入高等职业院校的资格。而是通过认可职业资格证与普通教育文凭之间的等值关系，只要达到基本的要求都可申请进入高等职业院校学习。

三、学徒制申请方式入学

英国学徒制将工作中的实践训练和理论学习结合起来，达到学以致用的教育目的。作为学徒，学生可以与有经验的员工一起工作，并利用所学技能赚取工资。何时毕业取决于学生对技能的掌握程度，其中部分专业会为学生颁发文凭。

学徒制是面向全体英国公民的职业教育方式，主要通过申请制度进行录取。为便于公民申请，英国国家职业中心（NVC）已开发网络注册项目，学生可自行上传审核材料进行申请,审核通过的学生可以继续参加该学校面试或实习。申请学徒制方式首先需要找一份学徒的工作;其次,在国家职业服务中心官网注册或创建一个终身学习账户;最后,详细填写并提交个人申请。通过网络申请,学生即可申请学徒制方式。从而为民众提供了便捷的全民教育,实现了公民接受职业教育的终身化。

四、行业协会参与招生工作

在英国教育体系中,无论是制定教育政策和职业标准,还是确定人才培养目标,均不是学校的单方面行为,而是由政府牵头与行业协会及高校联动形成多部门协调的社会行为,其考试管理工作也涉及多个部门。

针对每年的应届生招生工作,由中央教育部门制定一般性招生政策并协调录取工作,行业协会制定的职业标准及证书评定办法是高校录取审核中重要的参考资料,各高校不仅是实施教学的主战场,同时在考生录取中也具有决定权。针对社会考生,主要由地区培训机构或地区就业指导中心负责考生资格审核,并为考生匹配合适的教育机构,提供继续教育机会,确保公民享有受教育的权利。

英国职业资格证书的审定主要由行业协会及企业委员会负责,目前主要承担英国国内职业资格证书授予的机构是皇家工艺学会考试委员会、伦敦城市行业学会和商业与技术教育委员会。为了确保证书质量并对资格证书实施统筹管理,国家职业资格相关事宜统一由国家职业资格委员会承担问责。同时,为保证职业资格认定的统一性,英国统一实施了由国家职业资格委员会制定的《证书机构共同协议》和《国家资格证书规则和指导》,用以规范证书评定标准和评价方式的实施细节,并对证书机构形成有效监管,确保证书认定质量。

第三节 美国职业教育考试招生经验

为了满足社会发展的人才需求以及学生个体的成长需要,美国通过构建严整而又完备的高等教育体系,为后备人才的培养和国际竞争力的维持提供了强大支持。总体上说,美国的公立和私立高等院校包括大学、理工学院、文科学院、四年制学院、社区学院和技术学院等。其中,为了解决民众接受高等教育以及提升职业技能的基本需要，美国大力建设和发展了多所社区学院和技术学院，这为推动美国民众职业技能的提升或继续接受大学教育提供了途径和机会。而要顺利进入美国职业院校，需要科学而适宜的考试招生制度予以保障。美国的职业院校考试招生制度具有以下特征。

一、入学考试方式多样

美国职业教育的发展曾受到了阶段性法律政策的直接影响和引领，在高等职业教育领域，也逐步形成了以社区学院和技术高等院校为主体的高等职业教育培养的主阵地[78]。

美国大多数城市都会有一个或数个社区学院。社区学院是指地方认可的以文科副学士学位或理科副学士学位为其最高授予学位的机构。包括综合性的两年制学院和许多公立的或私立的技术学院。社区学院还向学生提供职业证书，向其所在社区提供大量其他服务[79]。社区学院主要以公立院校为主，提供补习教育、普通教育发展（GED）测试、高中学位、技术学位和证书以及数量有限的四年制学位。

除了社区学院之外，美国技术高等院校承担了针对具体职业的培训与一般学术课程相结合的高等教育任务。技术学院提供特定职业领域的专业培训，包括计算机技术、工商管理、烹饪艺术、电子、医疗协助、法律协助、汽车技术和美容等。从技术学院毕业的学生通常可获得相应的修学证书、文凭或副学士学位。

对于高等职业院校来说，大多数学校如社区学院都是开放招生，不需要标准化考试。但是，这些职业院校通常会要求考生完成预修课程并获得相应成绩。美国高等职业院校也会灵活招生，如果考生获得了相对不错的学术评估测试（SAT）或美国大学测试（ACT）的分数，则可免除预科考试。如果考生想在社区学院选择进入某个特殊的专业，如护理、计算机科学、执法等，则需要考生获得相应的标准化考试成绩。此外，如果学生想从社区学院转到大学或其他学校，也需要有相应的考试成绩。因此，美国高等职业院校的考试招生政策具有多样性、互通性、灵活性等特点。

美国的中等教育毕业生在升入高等职业院校时需要参加考试，考试成绩合格者才能进入高等职业院校学习。但这种考试与国内不同，并非由政府统一组织，只是招生院校对学生的考查，大多采用注册入学制度。

二、生源结构广泛

美国高等职业院校旨在为有接受高等教育需求的民众提供相对廉价的、便捷的、全面的大学教育。因此，到高等职业院校就读相对容易和经济，同时职业院校的学分在一般情况下还可转化为公立四年制大学的学分，并帮助学生获得继续学习的机会。由于高等职业教育的入学条件比较简单，通常只要求学生具有高中文凭或者获得普通教育发展测试成绩（GED）便可入学，因此进入美国高等职业院校就读的学生来源比较广泛。大多数生源为高中毕业生，还有工作几年后想要获得高等教育机会的成年人、退伍的士兵、低收入水平家庭的学生、处境不利的少数族裔学生、失业人员乃至退休后的老年人都可以通过职业院校完成自己的大学经历，通过高等职业院校获得学历及能力的提升，从而在社会领域中获得更好的就业机会或者获得更高层次的高校就读机会。

三、考试内容丰富

美国针对社区学院和技术高等院校的人才选拔要求，以及与其配套的考试招生内容也在不断完善。美国高等职业院校所认可的可供考生选择的考试种类和具体内容较为丰富，如学术评估测试（SAT）、美国大学测试（ACT）、国家优秀奖学金资格考试（PSAT）、预科（AP）考试、大学水平考试（CLEP）等。考生可以根据自身具体情况去取得相应的资格和分数，从而增加入学机会。

四、录取机制灵活

美国社区学院通过分班测试评估申请人的能力，为申请人申请合适的专业。这种分班测试不是为了选拔申请人，而是为了甄别申请人适合怎样的专业，其指导和预测的意义更为明显。社区学院采用开放入学模式，对于增加低收入阶层子女的入学机会，缩小与其他阶层子女间的入学机会差异，促进教育机会的均等化有着重要的作用。社区学院对学习成绩不佳的考生实行"先补习后入学"的方式，经过多次考试招生，促进考生达到入学标准[80]。

美国社区学院招生录取的时间点很多。美国的大学通常只在秋季招生入学，但社区学院每个学期都可以入学，为有入学意愿的学生提供了最大便利。

第四节 日本职业教育考试招生经验

日本制造业高度发达，得益于完善的职业教育制度和发达的高等职业教育。日本的职业教育招考对象广泛，入学形式灵活。日本职业教育主要有学校教育、社会教育、企业教育等形式，其中，学校教育是日本职业教育的主体，主要包括中等职业教育和高等职业教育两个阶段。日本初中阶段以实施普通教育为主，而中等职业教育主要集中于高中阶段，以职业高中为主。

一、招生对象多元化

日本的高等职业教育办学形式较为灵活，有高等专门学校、专门学校、短期大学和其他高中后职业教学的培训机构[81]，其中，高等专门学校招生的对象主要是初中毕业生，实行五年一贯制；专门学校对应着中国的职业技术大学或者高职院校，招收高中毕业生。日本的招生范围不限于应届毕业生，历届毕业生、大学毕业生甚至留学生都可以申请入学。日本高职的生源中有相当一部分是在职人员，他们本身已经具备一定的技术知识与能力，通过在专门学校的深造来进一步提升自己的知识与技能，谋得自身发展的同时也为企业创造更多的价值。

在日本，针对不同生源采用不同的考试形式。对普职毕业生注重学力考查；对社会群体注重书面审查和面试的综合考查；对留学生和归国学生注重语言能力考核。由于针对不同的群体，考试的侧重点有所区别，所以考试形式也会有所差别。

二、入学考试形式多样化

日本的专门学校入学考试形式灵活多样，主要有普通入学考试、推荐入学、AO考试、专门针对成人的成人入学考试。同时，也打通了普通教育与职业教育之间的"壁垒"，将职业教育的"天花板"提高到了研究生。

教育普通入学考试是指考生需要参加所报考学校组织的考试，考试形式包括笔试与面试，考核内容与报考专业相关，按综合成绩由高到低进行录取。推荐入学也称免试入学，这种入学方式不需要参加统一的入学考试，由考生所在的学校向专门学校递交推荐信，专门学校组织资格审查，通过的考生只需参加面试就可进入高职院校进一步深造学习。AO考试也称为自荐入学,由考生自愿申请,结合自己的兴趣、能力选择报考的学校与专业,然后向所报学校提交入学志愿书及相关的小论文,学校在此基础上结合面试考查学生的个性和适应性,最后从中选拔出适合的考生入学。成人入学考试主要针对已经毕业的社会人员,为有意愿继续深造的在职人员提供学习机会,这种入学考试相对比较简单,有的学校甚至不举行考试,只需通过甄选即可入学。

三、考试内容个性化

日本高等职业教育入学考试内容具有针对性,与所选专业相关。在一般入学考试中,考试内容由学校规定科目,不同专业规定的选考科目也有所区别。这不仅是为了考查学生的思考能力和表达能力,也是为了测试学生对志愿专业的了解程度。

同时,考试内容具有专属性,为考生"量身定做"。在入学申请时,所有考生除了需要填写入学志愿书外,还需要填写志愿理由书,说明为什么选择这个专业以及选择这个专业毕业后的打算。在面试时,招考学校除了确认申请理由外,还会对学生的兴趣、爱好、特长等个人特性进行询问,同时对学生的背景、家庭环境等基本信息也会有一定的了解。在全面了解的基础上,学校在学生入学后会为其制定一份专门的职业生涯规划,促进学生的长远发展。

四、评价标准多维化

日本曾经的"中心考试"一直因"唯分数论"被诟病,而在现行的考试制度中,"共同考试"不再是整个考试制度的核心,而是成了评价学生基础学力的依据。在此基础上,各高职院校通过自主命题来考察学生的学习能力(小论文)、专业能力(笔试/实操)、适应力(适应性测试)、爱好特长(面试)及学习意愿(志愿理由书)等,从多个角度对学生进行综合判断,不再把学生的学习成绩作为录取的唯一标准,而是更加注重学生的学习动机和各种能力,从而选拔出综合素质较高的学生。

五、资格证书体制完备

日本的职业教育有着较为完备的职业资格认定制度,全国统一的职业资格认证为普通教育与职业教育搭建起互通的桥梁。日本的专门学校紧密结合市场的需求，在专业设置上与职业资格形成对应关系，使毕业生拥有较高的就业率。在专门学校修业达一定年限，获得相应的证书后可转入大学学习，继续深造获得更高的本科及研究生学位。日本的技能考核分为实际操作考核和专业理论考核两部分，更加关注职业需要的实践技能的开发和培养。实际操作考核提前公布试题，考核时间一般为4~5小时，专业理论考核时间为2小时，两部分考核都合格者才会拥有技能证书。

第五节　国外职业教育考试招生的借鉴

研究德国、英国、美国、日本等职业教育发达国家的职业教育考试招生制度与实施，对我国职教高考改革具有较大的参考和借鉴意义。

一、国家统筹，整体推进

我国高职院校分类考试主要由各省级教育部门统筹管理和组织实施，在一定程度上影响全国范围内的生源流动。国外的职业教育考试招生通常由国家统一制定考试框架，在国家层面建立统一的考试课程和考核标准，由各联邦州具体执行。例如，德国由文教部长联席会统一规划并制定全国考试标准，在全国范围内，德国通过职业教育法、行会规定对培训企业、培训内容、培训结果认证等做了详细规定；英国学生完成中学学业后需要继续完成国家强制课程——普通中等教育证书课程（GCSE），最终参加全国统一标准的GCSE考试，之后，学生可选择参加工作、就读技术学校或者普通大学。从而实现生源的全国性流动，保障生源数量和质量，也为学生的多样化选择提供便利通道。

二、企业参与，多元协同

目前，我国职教高考入学考试起主导作用的是政府和各高职院校，企业参与度很低，导致了职业教育与市场脱离，培养的人才社会认可度低。在国外，企业贯穿职业教育入学考试、人才培养、就业指导整个人才培养过程。职业教育的考试招生是由政府统筹、职业教育联合企业、行会共同协作实施考试。特别是实践考核，通常由行会统一组织，从而保证了考试内容的科学性和考试结果的公平公正性。同时，企业的参与使职业院校能更有效及时地了解市场的需求，选拔出适应需求的生源，符合市场对于职业人才的要求，提高毕业生的竞争力，增强职业教育的吸引力。如德国的职教高考由文教部长联席会议统一规划并制定全国范围的考试标准。包括在校学习考核和实践考核两部分，考查学生将文化学科和职业学科知识运用于职业领域的显性能力。同时，要求学生完成相应的职业培训或企业实习，通过职业资格考试，考查学生是否满足工作的情境性要求。考试采用学生亲身实践的方式，符合职业教育实践导向的培养特点。

三、资格认证，重视实践

职业资格是对从事某一职业所必备的学识、技术和能力的基本要求，反映了劳动者为适应职业劳动需要而运用特定的知识、技术和技能的能力，更直接、更准确地反映了特定职业的实际工作标准和操作规范，以及劳动者从事该职业所达到的实际工作能力水平。国外职业教育重视职业资格证书，并从国家层面规范职业资格证书的获取和认证，作为职业教育入学的重要条件。例如，德国实践考核是由手工业行会、工商业行会等组织的职业资格考试或企业培训认证。英国通过职业教育证书和A-level证书间的相互转换，打通普通教育与职业教育的通道，完善双轨制升学体系，同时保证了职教学生的学历提升通道，为国家培养高素质应用型职业人才奠定了基础。英国国家职业资格分为1~5五个等级，根据不同职业资格标准，职业院校设置了相应的国家职业资格证书考评内容，学生完成规定课程和培训，通过考核取得国家职业资格三级证书者，可获得免试进修高一级学位的机会，从而为学生升学提供了更多选择，以适应学生的个体发展需求。

四、过程评价，多元录取

职教高考不同于普通高考，关注职业行动能力培养，侧重培养工作实践知识，因此，入学考试应注重对学生实践能力、职业素养、职业精神等的考核，包括具体情境、动作技能、团队合作、职业认同感、职业道德等。这些具有职业教育特征的考试内容和考试方式需要改革原有的结果评价，注重过程评价。而面对高等职业院校生源结构多元化特征，应逐步完善多元化的录取机制。同时，不再把学生的学习成绩作为录取的唯一标准，而是更加注重学生的学习动机和各种能力，从而选拔出适合需要的技术技能人才。

第八章　职教高考改革的山东实践

职教高考是为职业教育选拔人才的高考制度。近年来，山东省始终把职业教育摆在优先发展的位置，改革发展走在全国前列。山东省是国家确定的第二批纳入高考综合改革的试点省份，是第一个部省共建的职业教育创新发展高地，本研究将以山东省作为样本省份开展调查研究和试验研究。2022年，山东省正式启动职教高考，实施"文化素质+职业技能"考试招生评价模式。因而，本研究一方面检验"文化素质+职业技能"考试招生评价的目标达成度和效度，为职教高考选拔适应需求的技术技能人才提供策略建议；同时，通过研究，形成"文化素质+职业技能"考试招生评价的山东模式，并在全国推广应用。

第一节　山东省职教高考制度

根据《山东省2012和2014年普通高校考试招生制度改革实施方案（试行）》有关精神，山东省自2012年起，普通高校考试招生实行以国家统一考试为主、面向不同类型学生的分类考试办法，即普通高校考试招生分春季高考与夏季高考。

一、山东省春季高考与夏季高考的区别

《山东省深化考试招生制度改革实施方案》指出，实行以春季高考和夏季高考为主要形式的高等教育分类考试招生制度。夏季高考主要为本科院校招生，春季高考主要为高职（高专）院校和部分应用技术型本科高校选拔学生。春季高考与夏季高考的招生计划均为国家计划，学生参加春季高考或夏季高考，经注册录取完成学业后所享受的待遇完全一样。

（一）招生对象不同

春季高考重点面向中等职业学校学生与普通高中学生，从2022年起，春季

高考统一考试招生和高职（专科）单独考试招生报考人员为中等职业教育应届毕业生和社会人员，其中社会人员报考应取得高中阶段教育毕业证书或具有同等学力。夏季高考重点面向全体高中学生，同时面向中等职业学校学生。

（二）考试命题不同

春季高考由省统一命题，统一组织考试，主要为高职院校和部分本科院校选拔合格生源。夏季高考继续执行全国统一的考试招生政策和考试时间，统一命题、统一组织考试，主要为本科院校选拔合格生源。

（三）考试科目不同

春季高考统一考试招生实行"文化素质+专业技能"考试模式。按照有利于技术技能型人才培养和选拔的原则，考试科目由知识、技能两部分组成。春季高考统一考试总分为750分。"文化素质"考试包括语文、数学、英语3个科目，其中语文120分、数学120分、英语80分，文化素质总分320分。"专业技能"考试包括专业知识和技能测试两部分，总分430分，其中专业知识满分为200分，技能测试满分为230分。技能测试成绩根据专业类目性质，可使用分数表达或等级表达，如果使用等级表达，可分为A、B、C、D、E五个等级，分别计230分、190分、150分、110分、70分。春季高考技能考试共涉及17个专业类别276个专业，2021年春季高考技能考试涉及18个专业类别，2022年为38个专业类别。

夏季高考考试科目为"3+X"，即语文、数学（一）、数学（二）、外语、综合（一）、综合（二）。综合（一）包括政、史、地，综合（二）包括理、化、生，总分750分。2020年开始，夏季高考实行"3+3"模式，考试科目包括国家统一考试语文、数学、外语（含笔试和听力）3科，以及考生从普通高中学业水平等级考试思想政治、历史、地理、物理、化学、生物6科中任选的3科。

（四）考试时间不同

春季高考考试时间为每年的5月，夏季高考考试时间为每年的6月。2022年春季高考网上报名时间、资格审核时间与夏季高考一致，均为2021年11~12月。

（五）考试形式不同

春季高考的考试形式采用笔试+实际操作的形成，"文化素质"考试科目语文、数学、英语和"专业技能"考试的专业知识部分考试采用笔试，全省统一命题、统一组织考试、统一阅卷、统一公布成绩。"专业技能"考试的技能测试部分，根据需要采用笔试、实际操作，或笔试与实际操作相结合的方式进行。夏季高考的考试形式主要以笔试（加英语听力）为主。

二、山东省职教高考制度变迁

山东省的经济已进入高质量发展阶段，新旧动能转换战略以及十大产业发展对技术技能人才提出了新要求，倒逼职业教育加快构建现代职业教育体系，服务建设技能型社会。山东省职教高考制度改革大致分为以下四个阶段。

（一）提出"知识+技能"的春季招生考试制度

2012年，山东省政府正式发布《关于加快建设适应经济社会发展的现代职业教育体系的意见》（鲁政发〔2012〕49号），首次提出"完善'知识+技能'的春季招生考试制度"，强调要"增加中等职业学校学生对口升入本、专科继续学习的机会，增加高等职业学校学生对口升入本科继续学习的机会"。2013年，山东省人民政府办公厅发布《关于贯彻落实鲁政发〔2012〕49号文件推进现代职业教育体系建设的实施意见》（鲁政办字〔2013〕126号）提出，"2014年春季高考进行专业技能实操考试，开展'3+2'试点"等具体措施。

（二）提出完善"文化素质+专业技能"春季考试招生

2015年，山东省人民政府印发《关于贯彻国发〔2014〕19号文件进一步完善现代职业教育政策体系的意见》（鲁政发〔2015〕17号），提出"进一步完善'文化素质+专业技能'春季考试招生，一体化设计专业技能与专业知识考试，增加技术技能含量""稳步增加春季高考本、专科招生计划"。《山东省人民政府关于印发山东省深化考试招生制度改革实施方案的通知》（鲁政发〔2016〕7号）提出，完善春季高考"文化素质+专业技能"考试。自2020年起，"文化素质"考试包括语文、数学和英语3科，考试满分320分，其中语文、数学各120分，英语80分；"专业技能"考试满分430分，包括专业知识和技能测试两部分。一体化设计专业知识考试和技能测试，技能测试可根据专业（学科）的不同采取笔试或实际操作测试的方式。

（三）提出春季高考实行"文化素质+专业技能"考试模式

《山东省人民政府办公厅关于印发山东省深化高等学校考试招生综合改革试点方案的通知》（鲁政办发〔2018〕11号）指出，深化春季高考改革，推行分类考试招生，促进现代职业教育体系建设。春季高考统一考试招生实行"文化素质+专业技能"考试模式，"文化素质"考试科目语文、数学、英语和"专业技能"

考试的专业知识部分考试采用笔试，安排在每年5月，实行全省统一命题、统一组织考试、统一阅卷、统一公布成绩。从2020年起，"专业技能"考试的技能测试部分，按照招生专业类目由山东省行业（专业）指导委员会的牵头院校负责组织实施。技能测试可根据需要采用笔试、实际操作，或笔试与实际操作相结合的方式进行，强化测试内容的技术性、综合性和随机性。技能测试时间安排在上一年度7~12月进行，考生最多可参加2次测试，取最好成绩计入。2018年12月，《山东省教育厅等11部门关于办好新时代职业教育的十条意见》（鲁教职发〔2018〕1号）指出，优化改进职业教育考试招生制度，使春季高考成为技术技能人才选拔的主渠道，系统构建从中职、高职、职业教育本科、应用型本科到专业学位研究生的培养体系。

（四）提出建立"职教高考"制度

《山东省教育厅关于进一步完善职业教育考试招生制度的意见》（鲁教学字〔2019〕7号），明确"从2022年起，春季高考统一考试招生报考人员为中等职业教育应届毕业生和社会人员"，普通高中应届毕业生可通过春季高考中的高职（专科）综合评价招生的方式进入高等职业院校。《教育部山东省人民政府关于整省推进提质培优建设职业教育创新发展高地的意见》（鲁政发〔2020〕3号）提出，探索建立"职教高考"制度，制定职业教育考试招生改革实施方案，完善"文化素质+职业技能"考试招生办法，为学生依照兴趣和禀赋多样化选择、多路径成才搭建成长渠道。

《山东省教育厅关于公布2022年春季高考统一考试招生专业类别的通知》（鲁教职函〔2021〕5号）规定，2022年春季高考统一考试招生分为38个专业类别，分别是现代农艺、食品加工、畜牧养殖、水产养殖、建筑施工、建筑设计与管理、机械制造、设备维修、自动控制、机电技术、电气技术、电子技术、化工技术、环境保护、服装工程、纺织工程、服装展演、车辆维修、水上运输、运输管理、数字媒体、网络技术、软件与应用技术、医学技术、药学、护理、财税、金融、市场营销、物流管理、国际商务、电子商务、烹饪与营养、旅游管理、酒店管理、公共服务与管理、学前教育、艺术设计。2022年开始，职教高考不允许普通应届高中毕业生报考，是一次大的变革，中职生将首次迎来升学的高峰，中职毕业生也可以上高职、本科、研究生、博士。

第二节　职教高考改革的实践

山东省是第一个部省共建的职业教育创新发展高地，对山东推进新旧动能转换战略、"七个走在前列"、培育"十强"优势产业集群有着重要意义。2020年，山东省将职教高考本科招生计划增加到1.5万人，报名人数达到15万人。到2022年，山东省职教高考本科计划达到1.8万人，报名人数达到20.9万人。职业教育吸引力大幅增加，很多学生主动选择职业教育，走技能成才、技能报国之路，很多职业学校招生报名火爆。2021年，全省中考有2.95万名学生成绩超过当地普通高中录取线主动选择中职教育，1.7万名普通高中在校生自愿转入中职学校。

一、山东省成为我国第一个职业教育创新发展高地

2020年1月，《教育部山东省人民政府关于整省推进提质培优建设职业教育创新发展高地的意见》（以下简称《高地意见》）的发布，标志着我国第一个"职教高地"正式成立。意见提出，通过整省推进率先建立同经济社会发展需求密切对接、与加快教育现代化要求整体契合的新时代中国特色职业教育制度和模式，力争打造出"山东样板"。

教育部列出9项支持政策清单，支持山东"整省推进、提质培优、增值赋能"，率先建立新时代中国特色职业教育制度和模式。其中，教育部要为山东增加职业教育本科计划、专业硕士和专业博士计划，指导和支持山东应用型本科院校、职业教育本科院校和专业更多招收中、高职院校毕业生等，从而为山东省职教高考改革提供了政策保障。

二、职业教育创新发展高地为职教高考改革注入动力

《高地意见》将职教高考改革作为三十个任务之一，指出探索建立"职教高考"制度。制定职业教育考试招生改革实施方案，完善"文化素质+职业技能"考试招生办法，为学生依照兴趣和禀赋多样化选择、多路径成才搭建成长渠道；指导和支持山东在适合的专业领域，健全中高职与本科衔接培养的考试招生办法；进一步提高职业技能考试成绩在录取中所占权重，原则上不低于50%。研究

单独招收全国职业院校技能大赛、中国技能大赛、世界技能大赛等优秀选手和有突出贡献的技术技能人才接受本科层次职业教育的具体办法，为技术技能人才持续学习和发展提供机会。

建立"职教高考"制度，打破了夏季高考的独木桥格局，形成职教、普教并行的高考"双车道"，吸引更多青少年走技能成才、技能报国之路。建立"文化素质+职业技能"职教高考制度，职教高考本科录取比例由6∶1提升到4∶1，中职学生升学深造比例超过70%。2020年，全省中职招生录取44.4万人，比2019年增长10.8%，有2.5万学生的成绩超过普通高中录取线；高职录取44.8万人，超额完成高职扩招任务，有2.4万学生的成绩超过普通本科录取线。"职业教育只能招收低分生"难题，开始逐步破解。

实施职教高考制度后，将增加职业教育本科计划、专业硕士和专业博士计划，职教高考本科招生计划将逐步达到应用型本科高校本科招生计划的30%，为职业院校学生提供更多升入应用型本科高校机会。山东省职教高考本科招生数量逐年增加，到2022年，由1万人增加到7万人左右。职教高考的本科升学率将大幅提高，吸引力不断扩大。

三、职教高考改革打通职教学生升学成长通道

山东省职教高考改革为打通从中职一直读到博士的职教学生升学成长通道奠定了坚实基础。山东省现有中等职业学校590多所，在校生超过108万人，高等职业院校80多所，在校生100万左右。山东省坚持目标引领、问题导向、系统设计、整体推进，形成了支持和推动职教高考改革的政策体系，全面构建从中职、高职、职业教育本科、应用型本科到专业学位研究生的应用型人才培养体系。同时，山东省产业发展为打通职教学生升学成长通道提供了良好的外部环境。随着山东省新旧动能重大工程的实施，一大批高技术产业、战略新兴产业加速发展，先进制造业和现代服务业势头强劲，为开展职业本科教育、专业研究生教育提供了良好的外部环境。

《国家职业教育改革实施方案》明确了畅通技术技能人才成长渠道的任务。山东省针对完善高层次应用型人才培养体系制定了有力的举措。一是将现有部分省属本科高校转型为应用型本科高校。推动本科高校向应用型转变，是党中央、国务院重大决策部署，是推进教育领域人才供给侧结构性改革的重要举措。《国

家职业教育改革实施方案》提出"推动具备条件的普通本科高校向应用型转变"的具体要求，《关于引导部分地方普通本科高校向应用型转变的指导意见》对高校转型改革进行了顶层设计，提出了本科高校转型发展的主要任务、配套政策和推进机制，山东省也提出了把现有部分省属本科高校转型为应用型本科高校的目标。二是在高职院校骨干专业试办本科层次职业教育。试办本科层次职业教育专业要紧密对接产业发展，根据社会职业所需的职业资格结构化专业门类，并综合考虑与中等职业教育和高等职业教育专业的衔接，研制切实可行的专业目录，研制本科层次职业教育专业设置标准，畅通从中等职业教育、高等职业教育、本科职业教育到专业学位研究生教育的专业学习通道。三是支持高水平高职院校举办若干职业技术大学。围绕国家战略，服务区域经济发展，借鉴国外成功职业教育发展经验，支持高水平高职院校开展职业教育本科试点，举办若干职业技术大学，职业学校学生升学深造的路子越来越宽。

山东的探索，一方面，使长期以来职教只能招收低分生的难题开始逐步破解，也在制度层面使职业教育的生源素质和结构发生了较大变化，优化了教育结构和生态；另一方面，山东省初步构建起职教、普教并行的高考双轨道，基本形成上下贯通、左右衔接的人才成长"立交桥"基础框架，在一定程度上拓宽了技术技能人才学业晋升、技术技能提升的渠道，社会满意度和综合影响力不断提升。历经10年，山东的探索从基层实践上升为法律意志，今后就是如何深化的问题了。

第三节　山东省职教高考生源占比及变化趋势分析

山东省自2012年开始普通高校考试招生实行以国家统一考试为主、面向不同类型学生的分类考试办法，建立春季高考和夏季高考制度，探索以国家统一考试为主的多元评价方式和多样化录取模式，对构建中高职衔接、协调发展的现代职业教育体系，起到重要的推动作用。2012年，山东省春季高考报名40438人，但是本科仅录取2607人，录取率为6.4%，春季高考的考生大部分被高职院校录取。自2012以来，每年被春季高考录取的高职院校人数相对稳定。本节将从专业设置、生源结构、录取类别等维度，对山东省2017~2021年春季高考的相关数据进行分析。

一、春季高考专业设置分析

2017年,山东省春季高考技能考试分为文秘服务、信息技术、护理、采矿技术、财经、汽车、土建、学前教育、烹饪、旅游服务、服装、电工电子、机电一体化、机械、化工、畜牧养殖、农林果蔬、医药、商贸等19个专业类别,由济南职业学院等29所高校作为主考学校。2018年,技能考试分为18个专业类别,采矿技术类专业并入土建类,其中土建类分2个方向,由29所高校作为主考学校。2019年,技能考试分为18个专业类别,由28所高校作为主考学校。2020年,技能考试分为18个专业类别,由30所高校作为主考学校。2021年,技能考试专业分类和主考学校与2020年相同,分为18个专业类别,由30所高校作为主考学校。2022年,山东省开始实施职教高考,专业从18类细化为现代农艺、食品加工、畜牧养殖、水产养殖、建筑施工、建筑设计与管理、机械制造、设备维修、自动控制、机电技术、电气技术、电子技术、化工技术、环境保护、服装工程、纺织工程、服装展演、车辆维修、水上运输、运输管理、数字媒体、网络技术、软件与应用技术、医学技术、药学、护理、财税、金融、市场营销、物流管理、国际商务、电子商务、烹饪与营养、旅游管理、酒店管理、公共服务与管理、学前教育、艺术设计38类,33个高校考点组织实施(表8-1)。

表8-1 山东省2017~2021年春季高考专业情况一览表

年度	2017年	2018年	2019年	2020年	2021年
专业数量	19	18	18	18	18
主考学校数量	29	29	28	30	30

从2017~2021年春季高考专业设置来看,专业类别和专业数量变化不大,主考学校数量也稳定在30个左右,基本形成了相对固定和成熟的考试模式。

二、春季高考报考生源结构分析

从报考春季高考的生源结构来看:2017~2021年春季高考报名范围相同,是具有中等职业学校(含职业中专、职业高中、普通中专、成人中专、技工学校)学籍并且有完整学习经历的应届、往届毕业生,或具有夏季高考报名资格的人员。其中,对"3+4"对口贯通分段培养的中职学校学生转段报考条件为:过程考核合格、符合转段条件并经公示无异议的应届毕业生。申报春季高考技能拔尖人才要求获教育部主办或联办的全国职业院校技能大赛三等奖及以上奖项或全省职业院校技能大赛一等奖的山东省中等职业学校应届毕业生；或者具有高级工及以上职业资格并获得县级及以上劳动模范或同等荣誉称号、具有中等职业教育学历的在职在岗人员。

2020年，提出春季高考重点面向中等职业学校毕业生，同时也面向普通高中毕业生；夏季高考重点面向普通高中毕业生，同时也面向中等职业学校毕业生。考生可兼报春季高考和夏季高考。从2022开始，春季高考报名条件要求为中等职业教育应届毕业生（含普通中专、职业高中、职业中专、成人中专、技工学校）和社会人员，其中社会人员应取得高中阶段教育毕业证书或具有同等学力，并明确高职（专科）综合评价招生报考人员为普通高中应届毕业生，中等职业教育应届毕业生和社会人员不能报考高职（专科）综合评价招生；普通高中应届毕业生不能报考春季高考统一考试招生和高职（专科）单独考试招生。

从春季高考报名参加考试的人数看，2017年参加春季高考人数为7.7万人，2018年人数为9.7万人，2019年人数为12.3万人，2020年人数为15.4万人，2021年人数为16.5万人，如图8-1所示。

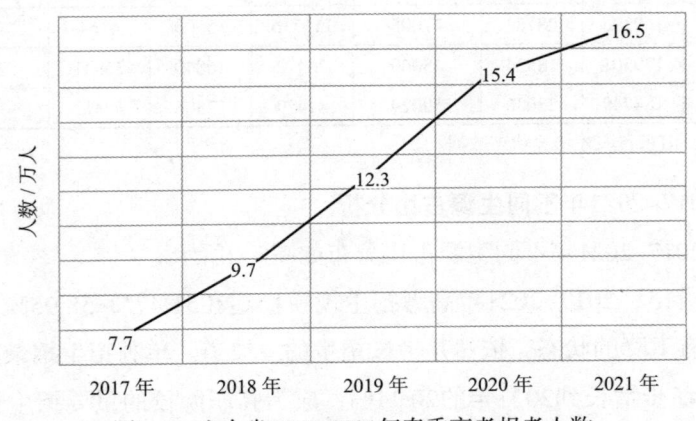

图8-1 山东省2017~2021年春季高考报考人数

从图8-1可看出，山东省2017~2021年春季高考报考人数呈现上升趋势，从7.7万人增加到16.5万人，五年增幅达到114.3%，解决了技术技能人才学业成长路径不畅、高层次技术技能人才短缺问题，满足了产业转型升级对高技能人才的迫切需求，为学生根据个人兴趣和爱好选择专业和学校创造了条件，为更多青少年走技能成才、技能报国之路奠定坚实基础。

三、高职院校多元化考试招生占比分析

根据山东省2017~2021年的试点实施情况以及对教师和学生的调研，职教高考稳步推进，畅通了职业教育纵向贯通的渠道，初步形成了夏季高考、春季高考、单独招生、综合评价招生、对口招生、中高职贯通、技能拔尖人才免试等多元化的考试招生方式。

（一）2017~2021年考试招生总体情况

山东省2017~2021年不同生源情况见表8-2。从录取人数来看，从2017年的285181人增加到2021年的404897人，从而有效保障了高职院校的生源，为高职院校的高质量发展提供了有力支撑。

表8-2　山东省2017~2021年不同生源一览表

年度	招生总数（人）	夏季高考（人）	春季高考（人）	中高职贯通（人）	单独招生（人）	对口招生（人）	综合评价（人）	技能拔尖人才免试（人）	其他（人）
2017	285181	118699	32542	44644	46954	26782	3401	397	11762
2018	303332	154742	24062	43637	53184	24807	2422	93	385
2019	382341	169396	28784	47005	111715	15500	4164	151	5626
2020	371590	179301	18524	43060	76472	16840	36941	232	220
2021	404897	184749	23636	59029	81429	12506	39313	126	4109

数据来源：山东省人才培养状态数据。

（二）2017~2021年不同生源占比分析

山东省2017~2021年不同生源占比分布如图8-2所示。

从图可看出，2017~2021年高考招生规模稳定在51.47%~58.95%之间，呈现基本稳定略有下降的状态，依然是考试招生的主渠道。单独招生招录人数从2017年的16.46%稳步增长到2021年的20.11%，成为高职院校的重要招生渠道。中高职贯通招录人数2017年占比达到15.65%，2018~2020年逐年下降至11.59%，2021年回升到14.58%，依然是高职院校生源的重要组成部分，有力促进了招生专业结构优化。对口招生招录人数从2017年的9.39%逐年下降到2021年的3.09%，下降幅度较大，主要受招生专业和招生计划的影响。综合评价招生招录人数从2017年的1.19%大幅增长到2021年的9.71%，其中，2020年相对于2019年增幅达到787%，在一定程度上受山东省新高考改革影响。技能拔尖人才免试等其他招考形式，近

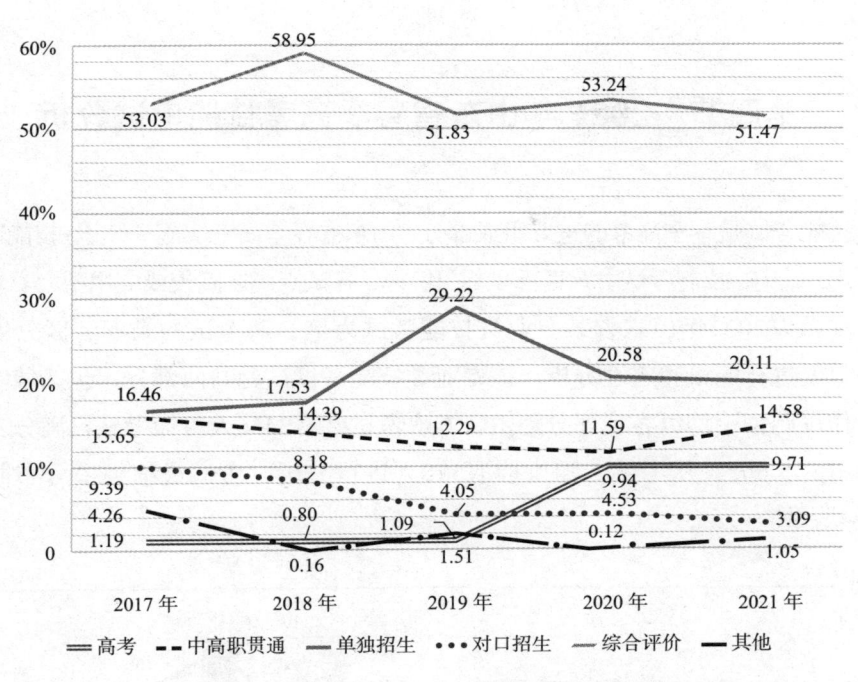

图8-2 山东省2017~2021年不同生源占比分布图

5年相对稳定,依然是高职院校分类考试招生的有益补充。

(三)2017~2021年春季高考和夏季高考生源占比分析

从山东省高职院校近5年录取人数看,夏季高考的生源和春季高考相比,依然占绝对优势。2017年夏季高考人数是春季高考的3.65倍,2018年为6.43倍,2019年为5.89倍,2020年为9.68倍,2021年为7.82倍,如图8-3所示。2022年山东实行职教高考,对报考条件做了修改,在一定程度上提高了春季高考入学比例。

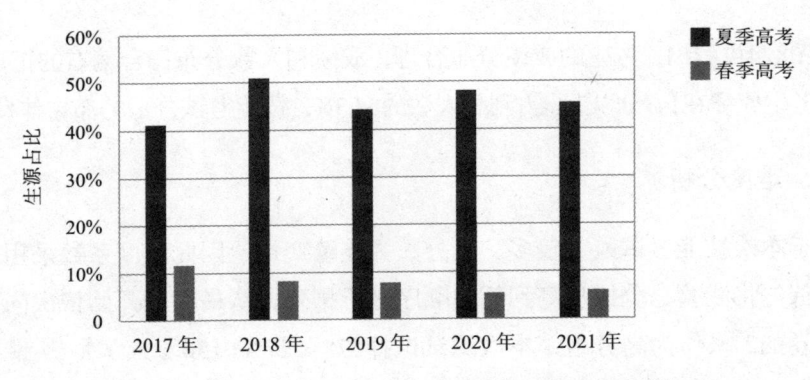

图8-3 山东省2017~2021年春季高考和夏季高考人数比较

第四节 2021 年山东省春季高考技能考试分析

技能考试是春季高考的重要组成部分，山东省春季高考实施"知识+技能"的评价方式，其中，技能考试由教育行政部门统筹，各试点高职院校或应用型大学承担。

本节以2021年山东省某专业类技能考试为例，对考试的难度、区分度、信度和效度进行定量和定性分析。该专业类技能考试试题共两部分，包括填空、上机操作等题型，均以客观评分为主。本次考试共有3466人参加考试，满分230分，平均分145.5分。从考生中随机抽取578人进行分析，考试成绩频率分布曲线如图8-4所示。

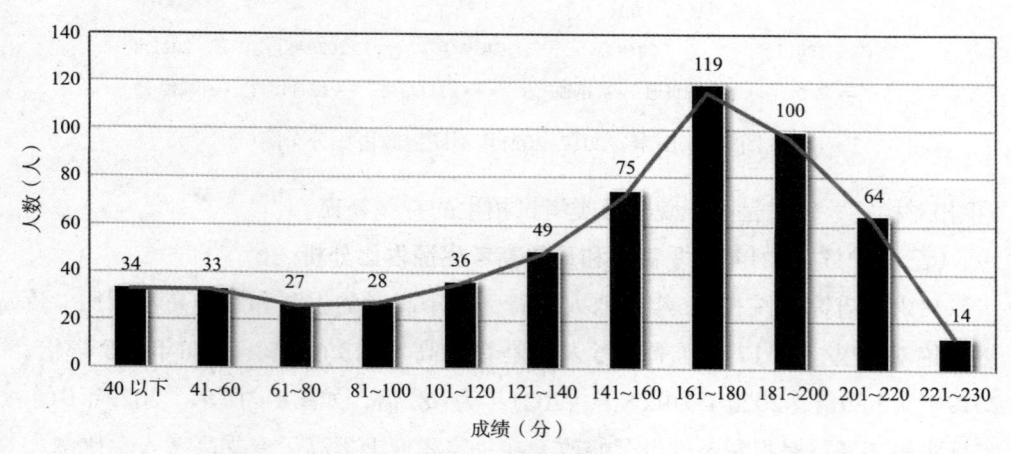

图8-4　考试成绩频率分布曲线

从图8-4可看出，考生的成绩分布合理，成绩和人数分布符合偏右的正态分布，大部分考生成绩在141分以上，占到总人数的64.3%，技能考试分数分布整体良好。

一、难度分析

由于本次技能考试人数较多，且分数为连续变量，因此难度系数采用分组法计算。首先将测验总分按从高到低的顺序进行排列，从最高分开始依次向下选出全部试卷的27%作为高分组[本次测试选择578×27%=156（人）]，从最低分开始依次向上选出全部试卷的27%作为低分组，计算P值：

$$P=\frac{P_H+P_L}{2}=\frac{\frac{\bar{X}_H}{X}+\frac{\bar{X}_L}{X}}{2}=\frac{0.30+0.87}{2}=0.588$$

式中：P_H、P_L 分别为高分组、低分组的难度系数，$\bar{X}_H$、$\bar{X}_L$ 分别为高分组、低分组被试者的平均分，X 为该测试的满分。

技能测试是常模参照测验，其目的是尽可能体现被测试者的个体差异，要求测试结果尽量拉开距离。本次技能测试 $P=0.588$，在 0.4~0.7 范围内，且接近 0.5，说明本次技能考试难度适宜，能体现被测试者实践动手能力的不同层次，测验分数基本呈正态分布。

二、区分度分析

测试的区分度和难度密切相关，当测试的难度适中时，才能使区分度达到最大值。采用分组法计算本次技能测试的区分度：

$$D=\frac{\bar{X}_H-\bar{X}_L}{H-L}=0.38$$

式中：H、L 分别为该测试的最高得分和最低得分。

由于技能考试的目的是选拔合格的技术技能人才，因此，要求区分度越高越好。本次测试 $D=0.38$ 小于 0.40，区分度接近于 0.4，说明测试基本能鉴别被测试者的技能水平，但区分度不够高，出现分数过于集中现象。

三、信度分析

由于本次技能测试不可能重复测验，因此，采用奇偶分半信度来估算测验的信度系数：

$$r_{xy}=\frac{(\sum XY-\sum X\sum Y)/N}{\sqrt{\sum X^2-(\sum X)^2/N}\sqrt{\sum Y^2-(\sum Y)^2/N}}=0.81$$

用斯皮尔曼—布朗公式进行校正，得到一致性系数为：

$$r_{tt}=\frac{2r_{xy}}{1+r_{xy}}=0.895$$

春季高考技能考试是大规模选拔性技能测验，要求具有较高的可靠性。本次测试的信度系数 $r_{xy}=0.81>0.80$，且校正后内部一致性系数较大，说明整个测试信度很高。

四、效度初步分析

对技能考试来说，所要测试的内容依据是职业岗位（群）和专业人才培养方案，实际测到的内容是学生对知识和能力的运用与表现，如果技能考试的题目能恰当地反映职业岗位能力、专业人才培养目标和学生的个性化发展需求，则测试具有较高的内容效度。本研究采用专家分析法研究技能考试的内容效度，根据本次技能测试的目标和被测试者的学习行为特征制定评定量表，由行业企业专家、专业负责人、课程专家、考试专家等组成的50名专家，根据量表的内容对考试的效度进行判断分析，结果见表8-3。

表8-3 内容效度评价表

题目	考点	能否与人才培养目标吻合				能否与职业岗位契合				能否与被测试者学情适合			
		能	基本能	基本不能	不能	能	基本能	基本不能	不能	能	基本能	基本不能	不能
试题一	根据实现的功能编写程序	70%	30%			64%	36%			62%	34%	4%	
试题二	依据效果图制作网页	76%	24%			78%	22%			72%	28%		

数据显示，本次技能考试的试题一，有62%以上的专家认为能与人才培养目标吻合、与职业岗位契合、与被测试者学情适合，但是，有4%的专家认为和被测试者的学情基本不适合，需要引起足够重视。对试题二来说，72%以上的专家均持肯定态度。总体来看，本次技能考试题目分布基本合理，具有较高的内容效度。

通过分析发现，虽然本次技能测试难度、信度均在合理范围内，但是，测试的区分度存在一定问题，说明分数的适应性还存在挑战，需要进一步论证测试项目的设计和优化，并加强技能测试的流程管理，减少分数集中现象。通过专家调研发现，专家对测试内容的效度基本持肯定态度，但仍有4%的专家认为专业人才培养目标和学生的个性化发展需求吻合度不高，同时，专家普遍认为技能测试的能力构建是深层次问题，测试中的技能操作过程符合度、覆盖度与测试目标尚有差距，需要在后续的测试中引起高度重视。

参考文献

[1] 石伟平.发展高质量职业教育建设技能型社会［J］.职教通讯，2021（5）：1-2.

[2] 李梦卿，余静.我国技能型社会建设的时代背景、价值追求与实施路径［J］.中国职业技术教育，2021（24）：5-12.

[3] 李玉静.技能型社会：价值意涵与推进策略［J］.职业技术教育，2021，42（16）：1.

[4] 张学英，张东.技能型社会的内涵、功能与核心制度［J］.职教论坛，2022（1）：35-41.

[5] 王星.走向技能社会：国家技能形成体系与产业工人技能形成［M］.北京：中国工人出版社，2021.

[6] 王建梁，王秀文.英国"技能战略"的新走向及启示［J］.现代教育管理，2021（7）：112-120.

[7] 翟俊卿，张静.面向未来的技能培训：德国《国家继续教育战略》解析［J］.职业技术教育，2021，42（30）：62-68.

[8] 李小双.技能立国：澳大利亚职业教育发展的理念之一［J］.现代教育科学，2015（5）：18-19.

[9] 翟俊卿，石明慧.提升数字技能：澳大利亚职业教育人才培养的新动向［J］.职业技术教育，2021，42（19）：73-79.

[10] 黄艳霞.关注就业技能：澳大利亚高等教育发展新趋势［J］.现代教育管理，2010（1）：106-109.

[11] 杨钋.技能形成与区域创新：职业教育校企合作的功能分析［M］.北京：社会科学文献出版社，2020.

[12] 米靖，赵庆龙.经济转型期高技能人才培养政策分析［J］.中国职业技术教育，2015（3）：44-49.

［13］山西：建设"人人持证、技能社会"［EB/OL］.人力资源和社会保障部官网.2019-9-24.

［14］"人人持证、技能社会"职业技能培训"山西模式"［EB/OL］.山西省人民政府官网，2020-10-9.

［15］山西出台新政推进"人人持证、技能社会"建设提质增效［OL］.中国日报网，2021-3-25.

［16］整省推进职业教育发展，打造"技能甘肃"［OL］.现代高等职业技术教育网.2020-08-05.

［17］姜大源.技术与技能辨［J］.高等工程教育研究，2016（4）：71-82.

［18］游士兵，李一枫.提升人力资本水平助推经济高质量发展［N］.光明日报，2020-5-5.

［19］孙善学.完善职教高考制度的思考与建议［J］.中国高教研究，2020（3）：92-97.

［20］李木洲.职教高考的现实基础、理论定位与体系构建［J］.职教论坛，2021，37（6）：44-48.

［21］张丹海.北京联合大学高职教育招生考试改革的意义及设想［J］.北京联合大学学报，1995（4）：63-67.

［22］张跃兴，黄从镇.高职招生考试制度势在必行［J］.职教论坛，1997（10）：16.

［23］梁卿.论高职招生考试制度改革中的三个基本问题［J］.天津工程师范学院学报，2009，19（2）：52-54.

［24］徐国庆.作为现代职业教育体系关键制度的职业教育高考［J］.教育研究，2020，41（4）：95-106.

［25］祝蕾，楼世洲."职教高考"制度设计的多重逻辑［J］.中国职业技术教育，2020（16）：38-42.

［26］张怀南."职教高考"背景下高职招生制度改革研究［J］.职教通讯，2021（8）：8-14.

［27］罗立祝.构建职教高考制度的三个着力点［J］.职教论坛2021，37（6）：53-56.

［28］凌磊.被赋予的多样性：我国"职教高考"制度的困境与出路［J］.中

国高教研究，2022（1）：63-68.

［29］姜蓓佳，徐坚.构建职教高考制度的动因、意义与行动［J］.国家教育行政学院学报，2022（2）：54-62.

［30］王伟宜，罗立祝.高职院校分类考试改革：理论、经验与对策［J］.中国高教研究，2014（11）：89-93.

［31］董照星，袁潇.改革开放40年我国高等职业教育对口招生改革探析［J］.教育与职业，2019（4）：13-19.

［32］熊丙奇.加快建立"职教高考"制度［J］.上海教育评估研究，2021，10（6）：23-26.

［33］李政.我国职业教育高考内容改革：分析框架与实施模型［J］.职教论坛，2022，38（2）：31-38.

［34］江国忠.论高等职业教育招生考试命题及管理［J］.辽宁教育学院学报，2002（10）：5-6.

［35］林其天.高职院校招生的创新性思考［J］.教育与考试.2011（6）：16-19.

［36］蒋丽君，边新灿，卓奕源.对高等职业教育考试招生的若干思考：以新高考改革为视角［J］.中国高教研究，2016（7）：97-101.

［37］鄢彩玲.关于建设我国"职教高考"制度的建议与思考：德国经验借鉴［J］.高教探索，2021（8）：98-102.

［38］朱秋寒.日本高等职业教育入学考试的特点及启示［J］.职教通讯，2021（3）：31-40.

［39］王笙年，徐国庆.台湾地区职教高考制度：基本架构、优势及政策启示［J］.职教论坛，2022，38（2）：46-52.

［40］邱懿，薛澜.我国高等职业教育考试招生制度现状、问题与展望［J］.中国考试，2021（5）：33-39.

［41］雷新勇.教育测量理论应用于高考改革实践若干问题的探讨［J］.中国考试，2020（1）：7-12.

［42］张敏强，梁正妍.新高考改革背景下的教育考试数据评价［J］.中国考试，2020（1）：22-27.

［43］朱德全.教育测量学［M］.北京：中国人民大学出版社，2016.

［44］杨天平.习近平论人的全面发展［J］.国家教育行政学院学报，2018（3）：3-8.

［45］叶肇芳.论职业教育与人的全面发展［J］.职教论坛，2000（5）：13-16.

［46］朱永新.职业教育：为了人的全面可持续发展［J］.职业技术教育，2012，33（25）：5-8.

［47］黄炎培.提出大职业教育主义征求同志意见［J］.教育与职业，1926（1）：1-4.

［48］林苏.黄炎培大职业教育主义研究［J］.南京师大学报（社会科学版），2006（6）：85-89.

［49］董仁忠.论黄炎培大职业教育主义思想及其启示［J］.教育与职业，2007（23）：5-7.

［50］喻忠恩.从社会化到化社会：黄炎培大职业教育主义之内涵［J］.广东技术师范学院学报，2017，38（4）：1-5，17.

［51］肖龙.黄炎培大职业教育主义思想的形成、特点与启示［J］.职教通讯，2019（3）：10-16.

［52］井亚琼."大职业教育"理念下我国职业教育发展探思［J］.中国成人教育，2020（22）：19-21.

［53］张丽娜.黄炎培大职业教育思想的内涵及现代价值［J］.教育与职业，2021，987（11）：102-106.

［54］董仁忠，石伟平."大职教观"问题探微［J］.职教通讯，2007（3）：5-8.

［55］陈鹏，庞学光.大职教观视野下现代职业教育体系的构建［J］.教育科学文摘，2015，34（4）：100-102.

［56］孟令鹏，韩梦雨，滕谦谦，等.传承黄炎培职教思想发展我国新时代高质量职业教育［OL］.光明网，2020-12-14.

［57］卢立涛.外发展性学校评价研究综述［J］.国教研究，2008（10）：20-25.

［58］翟思卿.近十五年来我国教育评价研究的演进分析［D］.开封：河南大学，2014.

［59］刘芃.论考试内容［J］.中国考试，2003（1）：9.

［60］柳博.恢复高考制度以来的考试内容改革［J］.教育理论与实践，2014，34（16）：19-22.

［61］戴家干.改造我们的考试［M］.北京：高等教育出版社，2008.

［62］陈子季.优化类型定位加快构建现代职业教育体系［J］.中国职业技术教育，2021（12）：5-11.

［63］裴甲美.天津市高职院校联盟化发展的SWOT分析及策略研究［J］.职教通讯，2015（34）：58-61.

［64］李贺伟，王忠诚.吸引行业企业参与学校职业教育的策略研究：基于SWOT分析［J］.职教论坛，2016（4）：9-13.

［65］王希常，等.考试工程［M］.济南：山东大学出版社，2019.

［66］黄牧航.从教育测量走向教育评价：论新课程改革后高考考试评价制度改革的趋向［J］.中国考试（研究版），2009（5）：3-10.

［67］戴家干.从考试到评价：论我国考试与评价制度的改革［J］.中国考试（研究版），2010（1）：3-8.

［68］赖秀龙，陈茜伊.从单一考试到综合评价：韩国高考改革历程及启示［J］.中国考试，2020（6）：56-62.

［69］关丹丹，韩宁，章建石.立足"四个评价"、服务"五类主体"进一步深化高考评价改革［J］.中国考试，2021（3）：1-8.

［70］姜钢.深化考试内容与形式改革切实提高命题专业化水平［J］.中国考试，2013（1）：3-8.

［71］唐以志.关于以效果为导向构建职业教育质量评价标准的思考［J］.中国职业技术教育，2016（6）：12-16.

［72］鄢彩玲.关于建设我国"职教高考"制度的建议与思考：德国经验借鉴［J］.高教探索，2021（8）：98-102.

［73］孟吴博.我国"技能型高考"政策的内容分析［D］.桂林：广西师范大学，2015.

［74］李超君.我国高职入学考试改革研究：以技能型高考为例［D］.桂林：广西师范大学，2015.

［75］王蕾.英国教育考试制度变迁对我国教育考试评价制度改革的启示［J］.

中国考试（研究版），2009（2）：5-11.

［76］赵上宁，楚琳，袁潇.英国职业院校考试评价制度探析［J］.职业技术教育，2020，41（25）：73-79.

［77］陈健.职教高考的国际经验、现实困境与改革建议［J］.高等职业教育探索，2020，19（6）：23-30.

［78］王吉明.国外职业教育考试对我国高职院校考试改革的启示［J］.当代教育科学，2008（7）：57-59.

［79］李清华，楚琳，袁潇.美国职业院校考试招生制度探析［J］.成人教育，2021，41（6）：62-67.

［80］罗志强.美国社区学院治理模式研究［D］.成都：四川师范大学，2018.

［81］董照星，王伟宜.我国高职院校考试招生制度改革的回顾与审视［J］.教育与职业，2020（17）：27-34.

［82］陈烨，史大胜，楚琳，等.日本高等职业院校考试招生制度及启示［J］.职业技术教育，2020，41（33）：67-71.